Französische Literatur des 19. Jahrhunderts

Frank Wanning

Ernst Klett Sprachen
Barcelona · Budapest · London · Posen · Sofia · Stuttgart

Bibliographische Information der Deutschen Bibliothek.
Die Deutsche Bibliothek verzeichnet diese Publikation in der
Deutschen Nationalbibliographie; detaillierte bibliographische
Daten sind im Internet über http://dnb.ddb.de abrufbar

1. Auflage A 1 5 4 3 2 I 2006 2005 2004 2003

© Ernst Klett Sprachen GmbH, Stuttgart 1998. Alle Rechte vorbehalten.
Internetadresse I http://www.klett-verlag.de
Bildnachweis I Auguste Rodin: Le Monument à Balzac © Musée Rodin, Paris

Redaktion I Manfred Ott
Umschlaggestaltung und Layout I Christine Schneyer
Druck I SCHNITZER DRUCK GmbH, 71404 Korb
ISBN 3-12-939579-2

Inhalt

Vorwort

Diese Literaturgeschichte wählt einen doppelten Ansatz, um in die französische Literatur des 19. Jahrhunderts einzuführen: Die chronologische Darstellung nach Epochen wird mit der systematischen unter besonderer Berücksichtigung der Gattungsaspekte verknüpft. Dabei wird den zahlreichen Methoden zur Definition von Epochengrenzen und den jeweiligen Verschiebungen im Gattungssystem besondere Aufmerksamkeit geschenkt.

Der Aufbau orientiert sich an dem Bedürfnis, sich einen raschen Überblick zu verschaffen. Zugleich kann die Literaturgeschichte gezielt im Sinne eines fachwissenschaftlichen Nachschlagewerks genutzt werden. Aus Gründen dieses zweifachen Nutzens sind die Kapitel jeweils in sich abgeschlossen und durch interne Verweise miteinander verbunden. Einleitend zu jedem Abschnitt werden kurze allgemeine Problemskizzen zu literaturwissenschaftlich aktuellen Forschungsansätzen vorgestellt. Es folgt die Einordnung in das Gattungsspektrum, wodurch – knapp gehalten – bevorzugt Überblickskenntnisse vermittelt werden. Die auf diese Weise herausgearbeiteten Themen und Thesen werden anschließend an ausgesuchten Autoren und relevanten Textauszügen veranschaulicht. Sorgfältige Textauswahl und anschließender Kommentar erhellen die abstrakten Aussagen und helfen, den oft zu beobachtenden Bruch zwischen literaturwissenschaftlicher Theoriebildung und Werkinterpretation zu überbrücken.

Indem zentrale Thesen in tabellarischer oder graphischer Form vergleichend gegenübergestellt werden, garantiert dieser Band die von der Reihe angestrebte inhaltliche Transparenz. Wichtige ästhetische oder literarische Probleme werden angemessen kurz, dabei präzise behandelt. Zur Vertiefung bietet die Bibliographie am Ende des Bandes geeignete Lektürevorschläge. Der abschließende Personen- und Sachindex erlaubt es, konkrete Fragen oder Probleme rasch aufzufinden.

Frank Wanning
im Oktober 1998

Einleitung: Probleme der Epocheneinteilung

Historische Rahmenbedingungen

Überblick

Die literarische Erscheinungsvielfalt im 19. Jahrhundert geht u. a. auf die wechselhafte historische Entwicklung nach der Französischen Revolution zurück. Die rasche Ablösung der Systeme und politischen Ordnungen drückt sich mittelbar auch in den Einstellungen der Schriftsteller aus.

Konsulat und Kaiserreich (1799–1814): NAPOLÉON BONAPARTE versuchte zunächst als Konsul, später als Kaiser Frankreich als Nation zu einen. Unter seinem autoritären Regime unternahm das Land zahlreiche Eroberungsfeldzüge. Nach der verlorenen Schlacht von Waterloo jedoch wurde er – abgesehen von einem kurzen Zwischenspiel – in die Verbannung geschickt.

Restauration (1814–1830): Unter LOUIS XVIII (1814–1824) und CHARLES X (1824–1830) wurde versucht, das Rad der Geschichte zurückzudrehen und zur Monarchie zurückzukehren. Aristokraten kehrten verstärkt aus dem Exil zurück. Nach einer kurzen und heftigen Revolution wurde CHARLES X 1830 aus dem Amt gejagt.

Julimonarchie (1830–1848): LOUIS-PHILIPPE versuchte als „Bürgerkönig" den Spagat zwischen Monarchie und parlamentarischer Demokratie. Dies führte zu einem politischen Stillstand. Das Bürgertum nutzte jedoch die Zeit, um seine ökonomische Stellung zu festigen und auszubauen. 1848 musste er auf Druck der liberalen Opposition den Thron verlassen. – In diese Phase fällt die literarische Legendenbildung um Napoléon, z. B. bei ALFRED DE MUSSET und STENDHAL.

Die Zweite Republik (1848–1852): Nachdem im Februar 1848 die Republik ausgerufen wurde, folgte alsbald die politische Ernüchterung, denn bei den Wahlen zum Präsidenten siegte LOUIS-NAPOLÉON BONAPARTE. – Viele Schriftsteller reagieren frustriert und desillusioniert auf die unbefriedigende politische Entwicklung, vgl. z. B. GUSTAVE FLAUBERT.

Das Zweite Kaiserreich (1852–1870): Nach dem Staatsstreich vom 2. Dezember 1851 wurde Frankreich erneut autoritär regiert. Wirtschaftlich stand diese Zeit im Zeichen eines Aufschwungs, von dem vor allem das Finanzbürgertum und die Großindustrie profitierten. Es war eine Zeit stürmischer, wirtschaftlicher Entwicklungen. Aufgrund verbreiteter Unzufriedenheit in der Bevölkerung musste der Kaiser nach der verlorenen Schlacht von Sedan gegen die Preußen abdanken.

Pariser Kommune (1871): Während im übrigen Frankreich die Dritte Republik ausgerufen und unter der Führung konservativer Kräfte eingerichtet wurde, formierte sich in Paris für kurze Zeit die proletarische Bewegung der Commune, die die soziale Befreiung auf ihre Fahnen geschrieben hatte und im Mai des Jahres zerschlagen wurde.

Die Dritte Republik (1870–1940): Trotz zahlreicher Skandale und der raschen Ablösung von Personen (z. B. Dreyfus-Affäre, s. S. 87) erwies sich die Dritte Republik als politisch stabil. Zu den politischen Zielen zählten neben der Trennung von Staat und Kirche vor allem die Neuordnung des Bildungssystems. Zu den Gegnern der Dritten Republik gehörten die Nationalisten ebenso die Sozialisten, die sie von unterschiedlichen Standpunkten aus kritisierten.

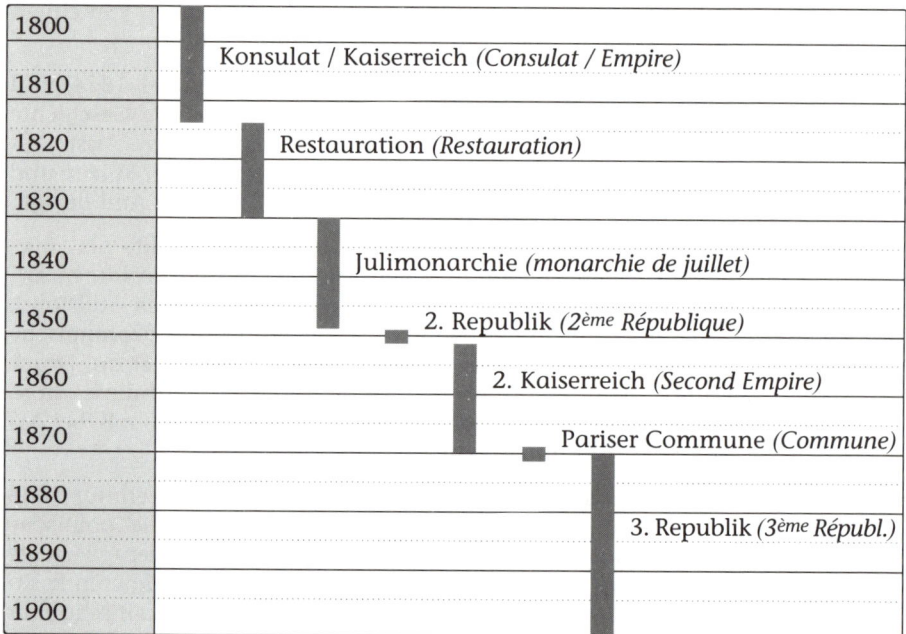

1800	
1810	Konsulat / Kaiserreich *(Consulat / Empire)*
1820	Restauration *(Restauration)*
1830	
1840	Julimonarchie *(monarchie de juillet)*
1850	2. Republik *(2ème République)*
1860	2. Kaiserreich *(Second Empire)*
1870	Pariser Commune *(Commune)*
1880	3. Republik *(3ème Républ.)*
1890	
1900	

Frankreich im 19. Jahrhundert: Historische Übersicht

Epochenbegriffe

In der gegenwärtigen literaturwissenschaftlichen Diskussion existieren drei Ableitungsmodelle literaturgeschichtlicher Epochenbegriffe, die auch für das 19. Jahrhundert Anwendung finden:

Chronologischer Epochenbegriff: Definiert eine Epoche aufgrund von ereignisgeschichtlichen Zäsuren im historischen Ablauf. Die Grenzziehung erfolgt dabei notwendigerweise nach kunstfremden Gesichtspunkten und bestimmt eine Epoche von den Rändern her. – Der Vorzug dieser Ableitung liegt in der klaren Abgrenzung aufeinander folgender Epochen. Der Nachteil besteht darin, dass sich mit seiner Hilfe der innere Zusammenhang einer Epoche ebenso wenig bestimmen lässt wie etwaige Übergänge zwischen den Epochen.

Struktureller Epochenbegriff: Definiert eine Epoche nach ihren ästhetischen und ideologischen Grundideen. Dabei bezieht er sich auf ein Entwicklungsmodell, dass einer spezifischen Ideenkonstellation einen Anfang, einen Höhepunkt und einen Schluss zuspricht. – Sein Vorzug liegt im direkten ästhetischen Bezug der Ableitung. Sein Nachteil besteht zum einen darin, dass die Merkmalsprofile der einzelnen Epochen teilweise willkürlich bestimmt werden, zum anderen darin, dass er jede Epoche als einzigartig beschreibt und auf seiner Basis deshalb kaum Vergleiche zwischen den Epochen angestellt werden können.

„Peripetischer" Epochenbegriff[1]**:** Definiert die Epochen auf der Grundlage von Übergängen und legt keine starren Grenzen fest. Zentraler Begriff ist der sog. „Paradigmenwechsel", d. h. eine Veränderung in den grundlegenden Zielvorstellungen der Epoche, die sich allmählich vollzieht und mit Hilfe von *prae/post*-Bestimmungen beschrieben wird. – Sein Vorzug liegt in der Auflösung starrer Epochengrenzen sowie der Möglichkeit, Übergänge in Form eines „nicht mehr" bzw. eines „noch nicht" zu definieren.

Die *-ismen*

In der französischen Literaturgeschichtsschreibung wird traditionell nach Jahrhunderten unterschieden *(siècle classique, siècle des lumières, etc.)*. Dieses Verfahren ist solange plausibel und unproblematisch wie ein relativ homogenes Kunst- und Literaturverständnis über einen längeren Zeitraum hinweg dominiert. Für das 19. Jahrhundert lassen sich jedoch eine Reihe unterschiedlicher Literaturmodelle bestimmen, die sich zeitlich überschneiden und sogar parallel liegen. Neben dem *romantisme* und dem *réalisme* wird vom *naturalisme, symbolisme* und anderen künstlerischen Schulen gesprochen, die das 19. Jahrhundert relativ inhomogen erscheinen lassen.

Einteilungen

Aufgrund der Vielzahl unterschiedlicher Kunstrichtungen wurde in Literaturgeschichten immer wieder versucht, das 19. Jahrhundert epochal zu strukturieren. Einige ältere Modelle, die für zahlreiche Nachfolger richtungsweisend waren, stammen von GUSTAVE LANSON, VICTOR KLEMPERER und ALBERT THIBAUDET:

---

1 Die drei Ableitungsmodelle literaturgeschichtlicher Epochenbegriffe gehen auf Burkhart Steinwachs' Aufsatz *Was leisten (literarische) Epochenbegriffe?* (vgl. Steinwachs 1985: 313f) zurück. Die Begriffsbildung „peripetisch" scheint mir in diesem Zusammenhang problematisch zu sein, doch wird der Sachverhalt zutreffend beschrieben.

Abschnitte	Schwierigkeiten
1. Literatur der Revolution und des Empire 2. Romantik 3. Naturalismus 4. Fin de siècle	Die Einteilung folgt keiner einheitlichen Systematik: Die Abschnitte werden hier nach ereignis-, stil- und kulturgeschichtlichen sowie nach moralisch-ideologischen Kategorien abgeleitet. So ist kein Vergleich möglich.

Literaturgeschichtliche Einteilung des 19. Jahrhunderts nach Gustave Lanson

Abschnitte	Schwierigkeiten
1. Romantik 2. Positivismus 3. Unabgeschlossene Epoche Henri Bergsons	„Romantik" passt nicht zu den beiden philosophiegeschichtlichen Begriffen. Der Begriff ist darüber hinaus zu weit gefasst und soll sogar Autoren wie Baudelaire umfassen.

Literaturgeschichtliche Einteilung des 19. Jahrhunderts nach Victor Klemperer

Abschnitte	Schwierigkeiten
1. Generation von 1789 2. Generation von 1820 3. Generation von 1850 4. Generation von 1885 5. Generation von 1914	Der Generationenbegriff Thibaudets unterstellt einen gleichförmig-biologischen Verlauf der Geistesgeschichte, die er mit Ereignissen der politischen Geschichte verknüpft. Die Plausibilität scheint für das 19. Jhdt. zufällig zu sein.

Literaturgeschichtliche Einteilung des 19. Jahrhunderts nach Albert Thibaudet

1

1 Epochenmerkmale und -abgrenzungen

Eingrenzung Unter Romantik (frz. *romantisme*, Grundwort afz. *romanz*, d.h. Dichtung in der Volkssprache) wird ereignisgeschichtlich allgemein der Zeitraum von 1804–1830 verstanden (von der Krönung NAPOLÉON I zum Kaiser bis zur Julirevolution in Paris). – Französische Literaturgeschichten verlegen das Ende der Epoche häufig ins Jahr 1848 und weisen ihr Autoren und Werke zu, die in Deutschland zumeist dem bürgerlichen Realismus zugeordnet werden. Die Romantik ist spätestens nach der desillusionierenden Erfahrung der 1848er-Revolution beendet. Einzelne Motive und künstlerische Techniken leben allerdings bis in das 20. Jahrhundert hinein fort.

(Post)Romantik
(H. PEYRE, V.L. SAULNIER)

- Subjektzentriertheit (PROUST)
- Innovation (RIMBAUD)
- Formbewußtsein (APOLLINAIRE)

Romantik

Vorromantik *(Préromantisme)*
(P. VAN TIEGHEM, D. MORNET, K. WAIS)

- Empfindsamkeit (PRÉVOST)
- Naturgefühl (ROUSSEAU)
- Shakespeare-Euphorie (MERCIER)

Literaturgeschichtliche „Entgrenzungen" der Romantik

Definitionen Innerhalb der vielfältigen Begriffsbestimmungen von „Romantik" lassen sich drei Definitionsansätze unterscheiden:

Literatursoziologischer Ansatz: Die gesellschaftlichen Umbrüche und die dadurch bedingten Unsicherheiten in der Nachfolge der Französischen Revolution bewirken eine Rückbesinnung auf traditionelle Institutionen wie z.B. das Christentum. Durch den Geltungsverlust sozialer Orientierungen ist das Individuum auf sich selbst zurückgeworfen: Es macht sich selbst zum Gegenstand der literarischen Bearbeitung. Die verbreitete literarische Forderung, das Subjekt solle sich selbst ausdrücken, verlangt nach einem besonderen Stil, der neben zahlreichen Apostrophen auch Ausrufe beinhaltet. Durch die rasche Entwicklung des Buchmarktes tritt den Autoren eine anonyme Leserschaft gegenüber, deren Geschmack diffus bleibt. Die Veröffentlichungen im Feuilleton von Zeitungen bedingen zusätzlich neue künstlerische Darstellungsverfahren.

Poetologischer Ansatz: Die Romantik versteht sich als Gegenbewegung zum Klassizismus. Da ein übergreifendes Einvernehmen über ästhetische Grundfragen nicht länger besteht, sehen sich die Autoren gezwungen, ihre Auffassungen in Vorworten, theoretischen Schriften u. ä. zu erläutern. Hierin grenzen sie sich insbesondere von den klassischen Kunstregeln ab und werten den *génie* des Schriftstellers zum alleinigen ästhetischen Maßstab auf. – Die romantische Tendenz zur „Gesamtschau" bewirkt Veränderungen in der Gattungshierarchie, wie z. B. den Aufstieg des Romans. – Innerhalb dieses Forschungsansatzes wird die Klassik oft als mechanisch und plastisch, die Romantik demgegenüber als organisch und malerisch beschrieben.

Klassik	Romantik
Stiltrennung	Stilmischung
Vorrang der Antike	Vorrang des christlichen Mittelalters
Rationalitätsprimat	Gefühlsherrschaft
absoluter Schönheitsbegriff	historischer Schönheitsbegriff
poetische Regeln	Geniekonzeption

Zur Differenz von klassischer und romantischer Ästhetik

Ideologiegeschichtlicher Ansatz: Auf der Grundlage der rousseauschen Zivilisationskritik interessieren sich die romantischen Autoren für das Leben von Naturvölkern wie z. B. Indianern. Als Reaktion auf das klassische und das aufklärerische Vernunftprinzip heben sie das Gefühl als den wichtigsten Motor sozialen Handelns hervor. Dabei gehen sie von der Einheit der Erfahrung aus: Die Welt als ganze soll nur im Spiegel eines einzelnen Bewusstseins zugänglich sein, welches wiederum der Gesellschaft seiner Zeit hinreichend distanziert gegenüberstehen muss.

Politische
Vorläufer

Gesellschaftspolitisch muss die **Französische Revolution** als Schlüsselerfahrung der Romantiker gelten: Die Aufhebung der aristokratischen Feudalgesellschaft, unsichere politische Machtverhältnisse, soziale Nivellierung, Industrialisierung und der Geltungsverlust religiöser Orientierungen verlangten nach neuen

Deutungen menschlicher Existenz. Die Frage des gesellschaftlichen Sinns wird neu gestellt. Aus der kritischen Auseinandersetzung mit 1789 gingen insbesondere nach 1830 zahlreiche royalistisch eingestellte Künstler gewandelt als Reformer hervor.

Literarische Vorläufer

Als „Stammvater" aller romantischen Autoren ist JEAN-JACQUES ROUSSEAU (1712–1778) zu sehen, der die Bearbeitung von Subjektivität und persönlicher Identität literaturfähig machte und dem negativ besetzten Begriff *civilisation* einen positiven Naturbegriff gegenüberstellte.

Daneben wird BERNARDIN DE SAINT-PIERRES (1737–1814) Roman *Paul et Virginie* (Erstausgabe 1788) von zahlreichen romantischen Autoren selbst als ästhetischer Bezugspunkt ihrer Werke genannt.

Die revolutionäre Literatur der sog. Vorromantik lebt in der Spannung, dass sie sich inhaltlich zwar romantischen Themen widmet, unter formalen und sprachlichen Gesichtspunkten jedoch vielfach auf antike Modelle und klassische Vorbilder zurückgreift (z. B. LEBRUN-PINDARE 1729–1807, ANDRÉ CHÉNIER 1762–1794).

Die französischen Romantiker bewunderten ferner WILLIAM SHAKESPEARES (1564–1616) dramatische Gestaltung der Leidenschaften und seine Überwindung künstlerischer Regeln. – Daneben schätzten sie LORD BYRON (1788–1824) wegen seines freien und abenteuerlichen Lebensstils.

Unter den deutschen Autoren wirkte vor allem JOHANN WOLFGANG VON GOETHE (1749–1832) auf die französischen Romantiker ein. Sein Briefroman *Die Leiden des jungen Werthers* (1774) beeinflusste eine ganze Generation.

Ästhetik

Theorieprimat: Die ästhetischen Auseinandersetzungen mit und innerhalb der Romantik sind bis in die 1820er-Jahre hinein durch kunsttheoretische Schriften geprägt. Allein in den Jahren 1827 bis 1830 erschienen in kurzer Folge wichtige Schriften wie VICTOR

Historische Epoche	Mentalitätsgeschichtliche Auswirkungen	Literaturgeschichtliche Konsequenzen
1. Kaiserreich (1804–1815)	Aufbruchstimmung, Napoleonbegeisterung	Kult des Subjekts, Geniegedanke, Propagierung individueller Freiheit
Restauration (1815–1830)	Rückkehr der Bourbonen bewirkt Resignation, Generation zur Tatenlosigkeit verdammt	Rückwendung zum Mittelalter, Versenkung in Religion
Julimonarchie (1830–1848)	Bürgertum hat den Adel endgültig überflügelt und bricht mit revolutionären Traditionen	Sozialkritik, Desillusionierung

Übersicht zur zeitgeschichtlichen Epochengliederung

HUGOS *Préface de Cromwell* (1827), SAINTE-BEUVES *Tableau historique et critique de la poésie et du théâtre français au XVIe siècle* (1828), DESCHAMPS *Préface des études françaises et étrangères* (1828) und ALFRED DE VIGNYS *Réflexions sur la vérité dans l'art* (1829) und sein *Lettre à Lord *** sur un système dramatique* (1830). Um sich von der übermächtigen klassischen Tradition abzugrenzen, fehlten den romantischen Autoren bis zu diesem Zeitpunkt noch eigene literarische Werke, auf die sie hätten verweisen können.

Geniebegriff: Der romantische Künstler begreift sich selbst als *génie,* das aus der gemeinen Masse herausgehoben ist und zu Einsichten gelangt, die nur wenigen Menschen zugänglich sind. – Der Begriff *génie* ist darüber hinaus der Hebel, um die klassische Regelpoetik außer Kraft zu setzen: Als individueller Bezugspunkt literarischer Gestaltung lassen sich von ihm keine allgemeinverbindlichen Grundsätze ableiten.

Gattungsvielfalt: Im Unterschied zu anderen Epochen der französischen Literaturgeschichte sind die Autoren der Romantik zumeist nicht auf eine bestimmte Gattung festgelegt, sondern arbeiten oft gleichzeitig als Dramatiker, Lyriker und Romanschriftsteller. Darüber hinaus sind zahlreiche Autoren auch als Kunst- und Literaturkritiker tätig.

Subjektivität: In den verschiedensten Spielarten dominiert die Darstellung isolierter Einzelwesen, die manchmal bis zum Ich-Kult gesteigert wird. Das dargestellte Subjekt kann selbstbewusst als Retter des Abendlands, häufiger jedoch als zur Passivität verurteilter Zweifler auftreten. Die Basis der dramatischen und epischen Handlung bilden zumeist unglückliche Liebesbeziehungen, in denen die Liebenden an ihren selbst gestellten Ansprüchen oder an gesellschaftlichen Konventionen scheitern. Das romantische Subjekt steht damit zwischen der Begeisterung für ein Ideal und der Enttäuschung über die Realität.

Naturbeschreibungen: Insbesondere in der Lyrik und im Roman sind Darstellungen von Landschaften anzutreffen, die stets fiktional sind und immer einen Bezug zur Stimmung des dargestellten Subjekts haben. Sie sind mithin kein Selbstzweck, sondern verweisen stets auf die Innerlichkeit der handelnden Protagonisten. Beispielsweise steht der Herbst oder der Regen vielfach als Symbol für Weltschmerz und Wehmut *(ennui).* – In der Nachfolge ROUSSEAUS gilt Natur darüber hinaus entweder als Zufluchtsort vor der bedrückenden Zivilisation oder im christlichen Sinne als Ausdruck göttlicher Größe.

Historische Stoffe: Die gotische Kunst des Mittelalters wird mit ihrer Architektur und ihrer christlich-metaphysischen Ästhetik zu einem wichtigen Thema. Daneben finden Mythen und Märchen verschiedener Völker große Beachtung: Aus der zeitlichen Distanz lässt sich im kulturellen Vergleich die eigene geschichtliche Wirklichkeit relativieren. Lediglich lokale Präferenzen der einzelnen Autoren sind signifikant: Während z. B. MME DE STAËL die Handlung zumeist nach Italien, England oder Deutschland verlegt, hat VICTOR HUGO eine Vorliebe für spanisches Lokalkolorit.

Religion: Das Christentum bietet den romantischen Autoren eine Fülle stofflicher Vorlagen und zugleich innerweltliche Orientierung. Vielfach werden mittelalterliche Heiligenlegenden zum Zweck der Bekehrung des Lesers neu bearbeitet. – Die Autoren begeisterten sich aber auch für parareligiöse Praktiken: Im Mystizismus sieht sich der Gläubige in Ekstasen und Visionen mit Gott vereint, im Spiritismus tritt der Mensch in Kontakt mit Wesen aus dem Jenseits, und im Satanismus wird der Christ von der Macht des Bösen verführt.

Reisebeschreibungen: Die meisten romantischen Autoren wandten sich von der unbefriedigenden Situation in Frankreich ab und fremden Ländern zu. Zu den bekanntesten Werken romantischer Reisebeschreibungen zählen STENDHALS *Rome, Naples et Florence* (1826), CHATEAUBRIANDS *Voyage en Amérique* (1827), LAMARTINES *Voyage en Orient* (1835) und VICTOR HUGOS *Le Rhin* (1848).

Künstlerproblematik: Bei den dargestellten Individuen handelt es sich häufig um Künstlerfiguren, die an der Banalität ihrer Umwelt leiden und an ihr zugrunde gehen. Ihr eigener Anspruch ist unvereinbar mit den Anforderungen, die die Gesellschaft an sie richtet. – Die Schriftsteller der Epoche beabsichtigen eine umfassende Realitätswiedergabe und sind doch vielfach skeptisch, ob die Prinzipien der Welt überhaupt erkennbar sind.

Gruppen

In der Restauration (1814–1830) tritt den ideologisch von Legitimismus und Katholizismus geprägten Autoren (konservative Romantik) mit ihrem Wortführer VICTOR HUGO eine zweite romantische Schriftstellergeneration an die Seite, die sich an liberalen und frühsozialistischen Ideen orientiert (liberale Romantik). Ihr Wortführer ist STENDHAL. Beide Gruppen haben ein deutlich anderes Kunstverständnis.

Konservative Romantik	Liberale Romantik
Katholizismus, Monarchismus	Liberalismus
Melancholie	Aktivität
Pessimismus	Kritik
Weltablehnung	Desillusionierung

Unterschiede zwischen den romantischen Schulen

Klimatheorie: Bei der Klimatheorie handelt es sich um ein Denk-
modell der Aufklärung, demzufolge die Sitten und kulturellen
Bräuche verschiedener Kulturen ursächlich auf geographische
und vor allem klimatische Gegebenheiten zurückzuführen sind.
Zahlreiche romantische Autoren, wie z. B. MME DE STAËL, knüpfen
an diese Tradition an und behaupten die prinzipielle Gleichwertigkeit aller Kulturen.

Historismus: An die Stelle des klassischen Schönheitsbegriffs des
beau absolu, der mit Hilfe poetischer Normen definiert und belie-
big reproduziert werden kann, tritt in der Romantik die Idee von
der Gleichwertigkeit unterschiedlicher Kulturen und der Abhän-
gigkeit der Literatur von den jeweiligen politisch-gesellschaftli-
chen Voraussetzungen. Unter historistischem Blickwinkel können
vollkommen unterschiedliche Kunstwerke die gleiche ästhetische
Qualität aufweisen *(beau relatif).*

Genieästhetik: Ästhetische Qualität ist nach romantischer Auffassung das Produkt eines genialen Subjekts und nicht länger das
Resultat von Regelkonformität, wie noch die Klassik behauptete.
Da die poetischen Normen der Klassik als rationale Ableitungen
gelten, berufen sich die Romantiker umgekehrt auf das Gefühl
des einzelnen Subjekts als Grundlage künstlerischer Produktion.
Mit der Bindung an das Subjekt entfällt darüber hinaus die Möglichkeit, literarische Darstellungen nach Standesgesichtspunkten
zu bewerten.

2 Gattungen

1 Epik

Trotz fehlender Anerkennung durch die offizielle Literaturkritik
entwickelt sich die Epik und hier vor allem der Roman zur wichtigsten Gattung des gesamten 19. Jahrhunderts. Er kommt von
seinen poetischen Voraussetzungen her der romantischen Forderung nach Entgrenzung am weitesten entgegen. Innerhalb der romantischen Gattungshierarchie steht er dem Drama nur wenig
nach. – Um 1820 interessierte sich die Leserschaft besonders für
phantastische Erzählungen und Novellen, in denen übernatürliche Phänomene in alltägliche Situationen hereinbrechen. In dieser sogenannten *période frénétique* beherrschen Vampire, Hexen
und Werwölfe zahlreiche literarische Produktionen.

Die neuen Stil- und Gestaltungselemente waren der konservativen Kulturpolitik suspekt. Die politischen Machthaber favorisier-
ten die klassischen Werke als sozial stabilisierende Kunst und

ließen zahlreiche romantische Werke, insbesondere unter Napoleon I, der Zensur anheim fallen. Die Zensur wurde 1828 abge-
schafft.

**Stoffe/
Motive**

Innerlichkeit: Mittels des Romans analysieren die Autoren zumeist die innere Gespaltenheit der romantischen Helden, die entweder im Widerspruch zu sich selbst oder zur Gesellschaft stehen.
(z. B. Benjamin Constant *Adolphe* [1816]. Die Helden leiden an
Willenlosigkeit, an mangelnder Freiheit und am Gegensatz von
Intellekt und Gefühl.

Frauenfiguren: Die Frauen in der romantischen Epik sind zumeist passiv. Sie werden zum Opfer von diabolischen Verführern
oder willensschwachen Sentimentalisten (z.B. Alfred de Mussets
Confession d'un enfant du siècle aus dem Jahre 1836).

„Edle Wilde": Sie treten als Verkörperung des rousseauistischen
Naturideals hervor (z. B. die Natchez-Indianer bei Chateaubriand). In der romantischen Literatur werden Ursprünglichkeit
und Natürlichkeit aufgewertet, die nach zeitgenössischer Auffassung nur noch in exotischer oder historischer Umgebung anzutreffen sind.

Helden

Die Helden romantischer Romane sind entweder Tatmenschen,
die sich den herrschenden sozialen Verhältnissen anpassen und
an ihrer Karriere arbeiten (z. B. die Protagonisten Stendhals),
oder sie sind passive Melancholiker, die an ihrer eigenen Willensschwäche leiden (z. B. die Protagonisten Chateaubriands oder
Benjamin Constants). Die Protagonisten fliehen zumeist aus der
Gesellschaft und suchen die Einsamkeit, in der sich ihre Melancholie voll entfalten kann (vgl. René, Oberman, Octave).

Textbeispiel

*C'était une de ces journées d'hiver où le soleil semble éclairer tristement
la campagne grisâtre, comme s'il regardait en pitié la terre qu'il ma ces-
sé de réchauffer. Ellénore me proposa de sortir. «Il fait bien froid», lui dis-
je. «N'importe, je voudrais me promener avec vous.» Elle prit mon bras;
nous marchâmes longtemps sans rien dire; elle avançait avec peine, et se
penchait sur moi presque tout entière. «Arrêtons-nous un instant.»
«Non», me répondit-elle, «j'ai du plaisir à me sentir encore soutenue par
vous.» Nous retombâmes dans le silence. Le ciel était serein; mais les arbres était sans feuilles; aucun souffle n'agitait l'air; aucun oiseau ne le
traversait; tout était immobile, et le seul bruit qui se fit entendre était celui de l'herbe glacée qui se brisait sous nos pas. «Comme tout est calme!
me dit Ellénore; comme la nature se résigne! Le cœur aussi ne doit-il pas
apprendre à se résigner?»*
aus: Benjamin Constant (1767–1830), „Adolphe" (EA 1816)

Kommentar

Der Textauszug gehört zum Geständniskapitel des Romans, in
dem der Ich-Erzähler, Adolphe, seiner Geliebten, Ellénore, die aus

Liebe zu ihm alles aufgegeben hat, erklären will, dass er sich von ihr trennen wird. Ihr scheinbar belangloses Gespräch und das lange Schweigen der beiden Protagonisten paraphrasiert in subtiler Weise ihre gescheiterte Beziehung: Adolphe will stehen bleiben, Ellénore will weitergehen. Jedes Detail der äußeren Handlung dient der Introspektion der Protagonisten und der Analyse ihrer seelischen Zustände *(éclairer tristement; avancer avec peine; aucun oiseau).* Hierzu gehört auch die Naturschilderung eines kalten Wintertags. Das effektvoll dargestellte Stimmungsbild *(les arbres sans feuilles; l'herbe glacée qui se brisait sous nos pas)* ist keine mimetische Landschaftsbeschreibung, sondern dient ausschließlich dazu, die Befindlichkeit der Protagonisten zu erhellen: Die für die Romantik typische Innen/Außen-Korrespondenz wird hier exemplarisch durchgeführt.

Formen

Historischer Roman: Der Ursprung dieses Romantyps liegt in Schottland: Mit WALTER SCOTTS Roman *Ivanhoé* (1820) beginnt eine literarische Reihe, deren Hauptaugenmerk auf der pittoresken Beschreibung und der Verklärung der jeweiligen Nationalgeschichte liegt. Neben den umfassenden Beschreibungen sind hier abundante Handlungsstränge anzutreffen, die in verwickelter Weise zum Scheitern der durchschnittlichen, nicht heroischen Helden führen (z. B. VICTOR HUGO: *Notre Dame de Paris).* Zu den traditionellen Gattungsmerkmalen zählen ferner:

- die Darstellung fiktiver Zentral- und historischer Randfiguren
- Verismus durch Lokalkolorit
- Alltäglichkeit der dargestellten Konflikte
- Identifikationsangebote mit den Protagonisten

Philosophischer Roman: Der philosophische Roman der Romantik befasst sich mit dem Scheitern sozial isolierter Subjekte. Der Gegensatz von Individuum und Gesellschaft wird in zahlreichen Facetten entfaltet. Thematisch ist oft der Gegensatz von Künstlertum und Gesellschaft anzutreffen (z. B. ALFRED DE VIGNY *Stello).* Seine Helden sind feinfühlige Genies, die von anderen Menschen ausgebeutet und missbraucht werden.

Journal intime: Das Tagebuch erfreute sich in der Romantik einer außerordentlichen Beliebtheit. Als unmittelbare Autobiographie hat die Gattung den Gestus, nicht zur Veröffentlichung bestimmt zu sein und nimmt uneingeschränkte *sincérité* für sich in Anspruch (z. B. bei BENJAMIN CONSTANT und STENDHAL). Zum weiteren Umfeld dieses Romantyps zählt auch der Bekenntnisroman *(roman-confidence),* der deutlich autobiographische Züge trägt.

Probleme

Die epische Bearbeitung von Subjektivität steht oft im Kontrast zu einer dem Klassizismus verpflichteten Form des sprachlichen Ausdrucks. Die präzise Analytik des menschlichen Seelenlebens lässt sich nur schwer mit dem romantischen Gefühlskult in Einklang bringen und erzeugt eine innere Spannung, die den meisten Erzählwerken eingeschrieben ist.

2 Dramatik

Bedeutung

Das romantische Drama entwickelt sich erst relativ spät und hat nur eine kurze Blütezeit (ca. 1830–1843). Es versteht sich selbst als Medium der Gesellschaftskritik und vertritt emanzipatorische Ideen. Obwohl zahlreiche Autoren das Drama als herausragende Gattung favorisieren, steht es vom heutigen Standpunkt aus in seiner literaturgeschichtlichen Bedeutung hinter dem Roman zurück. VICTOR HUGO bezeichnet das Theater als Ort der *communion humaine,* den Roman hingegen als *puissance sociale.* Bis weit in die romantische Epoche hinein ist die Aufführungspraxis vom klassischen Drama beherrscht, und nur langsam kann das romantische Drama Terrain gewinnen.

Bataille d'Hernani

Am 25.2.1830 wurde in der *Comédie française* VICTOR HUGOS historisches Versdrama *Hernani* uraufgeführt, nachdem der Autor einige Auflagen der Zensur erfüllt hatte. Die Gegner des romantischen Dramas polemisierten schon im Vorfeld der Aufführung heftig gegen das Stück und erwarben zahlreiche Karten für Plätze, die sie demonstrativ leer stehen lassen wollten. Gemeinsam mit den Anhängern Hugos trugen sie dazu bei, dass die ersten Aufführungen des Dramas überaus stürmisch verliefen. Die *bataille d'Hernani* gilt seither als ein Meilenstein in der Überwindung des klassischen Theaters.

Form

Dem romantischen Drama ist oft vorgeworfen worden, dass es inhaltlich überfrachtet sei: Nicht nur durch die Verknüpfung von tragischen und komischen Elementen, sondern auch durch zahlreiche Kontraste, Handlungsumschläge (Peripetien) und überzeichnete Charaktere sind viele Dramen unaufführbar. Verwechslungen und Zufälle sind in nahezu allen Dramen anzutreffen.

Stoffe/ Motive

Die behandelten Stoffe sind zumeist historischer Natur. Besonders beliebt sind fiktive Figuren, die in ein Szenario der spanischen oder auch der deutschen Geschichte gestellt werden. – In der Vordergrundhandlung wird dabei zumeist ein Liebeskonflikt mit Staatsinteressen verknüpft, aber auch die *mésalliance*-Thematik (Liebesbeziehung über Standesschranken hinweg) erfreut sich großer Beliebtheit.

Helden

Die Protagonisten interessieren die romantischen Autoren als Individuen. Geläufige Helden sind das leidend-klagende Genie *(héros fatal)* und die moralisch geläuterte Prostituierte *(femme faible)*, die beide mit ihrem Schicksal hadern und schließlich daran zugrunde gehen. Daneben sind Findelkinder als Helden beliebt, weil sie keiner sozialen Gruppe zugerechnet werden können.

Ästhetik

Kritik am Klassizismus: Das Drama der Romantik hatte lediglich klassizistische Vorläufer und musste sich von Grund auf neu orientieren. Erst mit VICTOR HUGOS *Préface de Cromwell* (1827) wurde die theoretische Basis für einen ästhetischen Neuanfang gefunden. – Die Romantiker üben massive Kritik an den dramatischen Einheiten *(unité de temps, - de lieu, - de l'action)* und halten nur an der dritten fest. – Über die Frage der Versifizierung der dramatische Rede herrscht Uneinigkeit: ALFRED DE VIGNY verzichtet ganz darauf; Hugo löst zumindest den strengen Rhythmus des Alexandriners auf.

Stilmischung: Das romantische Drama versucht, eine Gesamtdarstellung der Welt auf der Bühne zu realisieren. Hierzu gehört neben der körperlichen Welt, die Hugo als *le grotesque* definiert, auch die geistige Welt *(le sublime)*. Komisches und Ernsthaftes gehen eine enge Verbindung ein, weshalb das romantische Drama in der Literaturkritik häufig als *tragicomédie* bezeichnet wird. – Die klassische Ständeklausel, derzufolge in der Tragödie nur Aristokraten und in der Komödie nur Angehörige des dritten Stands auftreten dürfen, wird ebenfalls außer Kraft gesetzt: Könige und Diener stehen als Konfliktparteien zum ersten Mal gleichzeitig auf der Bühne.

Ausstattung: Zur Darstellung der zumeist historischen Stoffe bestimmen romantische Dramatiker oftmals eine aufwendige Bühnenausstattung und detailliert nachgebildete Kostüme, mit denen das zeitgenössische Lokalkolorit möglichst genau nachempfunden werden soll. – Häufige Szenenwechsel und ein großes Aufgebot an Statisten lassen die Aufführungen sehr aufwendig werden.

	Klassisches Drama	Romantisches Drama
Stoffe	antike Mythen	mittelalterliche Legenden, historische Stoffe
Realitätsbezug	Wahrscheinlichkeit *(vraisemblance)*	Wahrheit *(vérité)*
Form	Einheit von Ort, Zeit und Handlung	Einheit der Handlung
Funktion	Erfreuen und Belehren	moralische Erziehung
Stil	Stiltrennung	Stilmischung
Paradigmen	Racine	Shakespeare, Schiller

Klassisches und romantisches Drama

3 Lyrik

Bedeutung

Die Lyrik ist die zentrale Ausdrucksform des romantischen Subjektivismus. Ihre Bedeutung kommt der der Epik nahe. Bis etwa 1815 ist die Elegie die bevorzugte lyrische Gattung. In den nachfolgenden Jahren fächert sich das Gattungsspektrum weiter auf, und neue lyrische Formen gewinnen an Interesse.

Stoffe/ Motive

Innerlichkeit: Im Mittelpunkt der literarischen Produktion steht die Gefühlslyrik, die ihren positiven Ausdruck in Emphase und Schwärmerei, ihre negative Seite in Liebesleid und Weltschmerz findet. Insbesondere interessieren sich die Autoren für die Übergänge von Liebe zu Hass und vom Leben zum Tod.

Christentum: In Gestalt eines unkonventionellen und häufig auf seine ästhetischen Qualitäten reduzierten Christentums wird die Frage nach dem Sinn des Lebens und der Existenz Gottes gestellt.

Schlüsselbegriffe

Ombre, immensité, vide, désert, indifférence, exil und *vague* sind Schlüsselworte der romantischen Lyrik. Mit ihrer Hilfe werden innerliche Empfindungen und Seelenzustände auf Situationen und Gegenstände transponiert. – Der Herbst und die Abenddämmerung sind die bevorzugten Zeiten, um die melancholische Grundstimmung situativ zu entfalten.

Probleme

Die romantische Lyrik ist in hohem Maße klassizistischen Formprinzipien verbunden. Es dominieren der klassische Alexandriner (zwölfsilbiger Jambus mit Zäsur in der Mitte) sowie die strengen Formen des Sonetts und der Ode. Zugleich soll sie jedoch Ausdruck des *génie* und der Innerlichkeit eines unverwechselbaren Individuums sein.

3 Autoren

1 Chateaubriand

Zur Person

FRANÇOIS-RENÉ, VICOMTE DE CHATEAUBRIAND (1768–1848) entstammt altem, aber verarmtem Adel, wollte zeitlebens die von Gott abgefallene Welt zum Glauben zurückführen. Durch ROUSSEAU motiviert, unternahm er Weltreisen, um unberührte Natur zu entdecken. Nach dem Sieg der Französischen Revolution ging er ins Exil nach Amerika und England, trat später in die Dienste Napoleons und wurde schließlich zu einem Ultraroyalisten. Sein exponierter Katholizismus ist eher ästhetisch als dogmatisch motiviert. Chateaubriand gilt als typischer Vertreter einer Aristokratie, die unter ihrem schlechten Gewissen nach der Revolution litt und im 1. Kaiserreich zusätzlich zur Untätigkeit verurteilt war. Berühmt wurde Chateaubriand vor allem durch seine Romane und Erzählungen.

Themen

- Selbststilisierung
- Weltschmerz, Verzicht und Ungenügen an der Welt
- Inzest und Impotenz
- Religion als Ersatz für Leidenschaft
- Verknüpfung von Rousseauismus, Royalismus und Katholizismus

Ästhetik

Chateaubriand versteht seine Kunst als Huldigung an die Religion und als Stilisierung seiner eigenen Persönlichkeit. Landschaften, Kunst und Literatur sollen die Größe der Schöpfung Gottes hervorheben, und die Künstler sollen das Christentum als Quelle ihrer Inspiration nutzen.

Hauptwerke

Atala ou les amours de deux sauvages dans le désert (1801), Erzählung. Der altersblinde Indianer Chactas erzählt seinem französischen Adoptivsohn René von seiner Jugendliebe, der Indianerin Atala. Diese ist jedoch Christin und von ihrer Mutter, die einen Fehltritt büßen muß, zur Keuschheit verpflichtet worden. Nach zahlreichen Abenteuern sieht Atala keinen Ausweg aus ihrer sündigen Liebe und begeht Selbstmord. Sie empfängt die letzte Ölung und stirbt.

Der Roman zeigt motivliche Anlehnungen an BERNARDIN DE SAINT-PIERRES Roman *Paul et Virginie* (1787), insbesondere hinsichtlich des „edlen Wilden". Er verdeutlicht zudem den fragwürdigen Katholizismus Chateaubriands, der überwiegend ästhetisch motiviert zu sein scheint: Seine Heldin büßt eine Sünde (Übertretung des mütterlichen Liebesverbots) mit einer größeren Sünde (Selbstmord) und empfängt obendrein die letzte Ölung.

René (1802), Erzählung. Der adlige Franzose René reist nach Amerika, lebt bei den Natchez-Indianern, nimmt sich deren Bräuchen folgend eine Frau, lebt aber nicht mit ihr zusammen. Nach Erhalt eines Briefes aus Europa erzählt er seinem Adoptivvater Chactas und einem Missionar sein Schicksal: Seine unglückliche Jugend wurde nur von seiner Beziehung zu seiner Schwester Amélie erhellt. Nachdem diese ihm das Versprechen abgenommen hat, sich nicht selbst zu töten, legt sie in einem Kloster ein Gelübde ab. Erst jetzt erfährt René von ihren inzestuösen Neigungen ihm gegenüber. Er flieht nach Amerika und lebt bei den Natchez. Im Krieg zwischen Franzosen und Indianern findet der von Weltschmerz getriebene René den Tod.

In der Erzählung verbinden sich zahlreiche Motive der romantischen Epik: Die Melancholie des an sich selbst zweifelnden Helden, Naturflucht und Weltschmerz sind ebenso präsent wie „edle Wilde" und religiöses Empfinden.

Le Génie du Christianisme ou beautés de la religion chrétienne (1802), philosophisches Werk in vier Teilen, das den Katholizismus über die Revolutionszeit hinaus bewahren sollte. In apologetischer Absicht hebt der Verfasser insbesondere die ästhetischen Qualitäten des christlichen Glaubens hervor, der im Menschen eine schöpferische Kraft hervorruft, die als er Mysterium verstanden wissen will. Die dichterische Fiktion wird mit der göttlichen Schöpfung gleichgesetzt. Das unbestimmte religiöse Gefühl und die Allgegenwart Gottes in der Natur hält er dem Skeptizismus der Aufklärung und der antiken Kunst entgegen.

Chateaubriands Glauben besteht in einem Kulturkatholizismus, der weniger auf das christliche Dogma als auf seine ästhetische Produktivität hält. Seine Ausführungen sollen, nach Chateaubriands eigenen Angaben, von einer affektiven Emphase getragen sein, der die geschliffene Rhetorik und der elegante Stil seiner Ausführungen widerspricht.

Mémoires d'outre-tombe (EA 1849), Autobiographie, die nach dem Willen des Verfassers erst posthum veröffentlicht werden sollte. Sie entstand in den Jahren 1803–1841. In Gestalt einer Reihe von literarischen Portraits lässt Chateaubriand die Menschen, die seinen Lebensweg beeinflusst haben, Revue passieren. Dabei präsentiert er zugleich seine eigene Persönlichkeit, deren Vorzüge er hervorhebt, und kritisiert seine Gegner, wie z. B. Napoleon. Alle vorgestellten Menschen und Ereignisse werden am Maßstab der Person des Autors bewertet.

Die Mémoiren Chateaubriands markieren einen Höhepunkt romantischer Selbststilisierung und legen zugleich Zeugnis ab, dass sich Künstler und Autoren in der Romantik bewusst werden, direkt in der gesellschaftlichen Verantwortung zu stehen.

Essai historique, politique et moral sur les révolutions anciennes et modernes (1797), politischer Traktat mit fiktiven Dialogen; *Les martyrs ou le triomphe de la religion chrétienne* (1809), Prosaepos; *Voyage en Italie* (1826), literarischer Reisebericht; *Poésies* (1828) Gedichte und Versidyllen.

2 Madame de Staël

Zur Person ANNE-LOUISE-GERMAINE DE STAËL (1766–1817) war die Tochter des Bankiers Necker. Schon frühzeitig übte sie Kritik am *terreur* der Revolution und am napoleonischen Despotismus. Sie fand Exil in der Schweiz, unternahm Reisen nach Italien, Deutschland, Russland, Schweden und England. Sie gilt als Vertreterin eines liberalen Kosmopolitismus, zeigte Interesse für fremde Völker und Kulturen und behauptete den Eigenwert verschiedener Nationalliteraturen. Literatur insgesamt verstand sie als soziale Institution, die den jeweils gegebenen gesellschaftlichen Gegebenheiten und Sitten folgt. Das Gefühl galt ihr als Grundlage der Dichtung. Zu ihren literarischen Vorbildern zählen J.-J. ROUSSEAU, VOLTAIRE und MONTESQUIEU.

Ästhetik

Mittelalter und Christentum: In ihren kunsttheoretischen Aussagen des Werks *De l'Allemagne* definiert Mme de Staël die Romantik in Anlehnung an ihr Vorbild FRIEDRICH SCHLEGEL: „Le nom de *romantique* a été introduit nouvellement en Allemagne pour désigner la poésie dont les chants des troubadors ont été l'origine, celle qui est née de la chevalerie et du Christianisme." *(aus:* „De l'Allemagne", II, 11)

Poesie und Prosa: Mme de Staël beschreibt das historische Verhältnis von *poésie* und *prose* als fortgesetzten Kampf. Die von ihr bevorzugte Poesie charakterisiert sie mit den Worten: „La poésie est une possession momentanée de tout ce que notre âme souhaite; le talent fait disparaître les bornes de l'existence et change en images brillantes le vague espoir des mortels." *(aus:* „De l'Allemagne", II, 10)

Klimatheorie: Nordeuropa gilt Mme de Staël als Heimat der romantischen Bewegung. Die Länder Südeuropas und insbesondere des Mittelmeerraumes stehen bei ihr für die Antike und die Klassik. Sie begründet ihre Auffassung in Anlehnung an die aufklärerische Klimatheorie: „[...] l'imagination des hommes du nord s'élance au-delà de cette terre dont ils habitent les confins; elle s'élance à travers les nuages qui bordent leur horizon, et semblent représenter l'obscur passage de la vie à l'éternité *(aus:* „De la littérature considérée dans ses rapports avec les institutions sociales").

Themen

- Gegensatz von Individualität und sozialer Norm
- Verbotene Liebe
- Emanzipation der Frau
- Autobiographisches

Hauptwerke

Delphine (1802), Briefroman. In 220 Briefen und sieben Tagebuchauszügen schildert die Autorin den Leidensweg Delphines, deren geplante Eheschließung mit dem spanischen Edelmann Léonce de Mondoville, die durch eine Intrige hintertrieben wurde und die Protagonisten schließlich veranlasst, ins Kloster zu gehen. Auch als sich beiden nach zahlreichen Schicksalswirren die Möglichkeit bietet, zu heiraten, ergreifen sie sie nicht. Als Léonce als Soldat einer Emigrantenarmee hingerichtet wird, vergiftet sich Delphine und bricht tot am Schafott zusammen.

Der Roman wurde oft als Selbstidealisierung der Verfasserin interpretiert. Neben diesen autobiographischen Gesichtspunkten zeigt er deutliche Kritikpunkte am napoleonischen Despotismus und dem Katholizismus. Leidenschaftliche Liebe gilt der Autorin als Basis eines tugendhaften Lebens.

Corinne ou l'Italie (1807), Künstlerroman mit autobiographischen Zügen. Die Dichterin Corinne wird von ihrem Geliebten Lord Nelville enttäuscht, der nicht seinen Neigungen, sondern den Wünschen seines Vaters folgt und eine andere Frau heiratet. Corinne stirbt daraufhin an gebrochenem Herzen.

Mme de Staël behandelt erstmals die Themen Emanzipation und Kosmopolitismus. Landschaften, Jahreszeiten und Städte versinnbildlichen die Innerlichkeit und die schwankenden Gefühle der Protagonisten.

De l'Allemagne (1813), ästhetische und kulturgeschichtliche Schrift, in der, ausgehend von den Erfahrungen ihrer Deutschlandreise, allgemeine ästhetische Grundsätze entwickelt werden. Behandelt werden u. a. der Widerspruch von klassischem *goût* und romantischem *génie,* der Eigenwert verschiedener Nationalliteraturen, die Nord-Süd-Antithese, derzufolge Südeuropa in der Tradition der Antike steht, während sich Nordeuropa dem christlichen Mittelalter verpflichtet fühlt. Gegenüber England und Deutschland, die bereits eine romantische Literatur ausgebildet hatten, wird für das klassizistisch orientierte Frankreich ein Nachholbedarf festgestellt. Besonders Deutschland gilt ihr als „Heimat" der Romantik.

Essai sur les fictions (EA 1795), romantheoretische Schrift; *De l'influence des passions sur le bonheur des individus et des nations* (1796), Anthropologischer Traktat; *De la littérature considérée dans ses rapports avec les institutions sociales* (EA 1800), literatursoziologische Schrift; *Dix années d'exil* (1821), Memoiren.

3 Victor Hugo

Zur Person VICTOR HUGO (1802–1885) war Sohn eines napoleonischen Generals. Im Lauf seines Lebens wandelt er sich vom restaurativen Monarchisten zum liberalen Romantiker: 1845 wird er zum Pair von Frankreich ernannt, ruft nach Napoleons Staatsstreich das Volk auf die Barrikaden, anschließend sucht er politisches Exil auf den Kanalinseln Jersey und Guernsey, 1876 wird er Senator. Im Laufe seines bewegten Lebens entwickelt sich Hugo vom Vertreter der konservativen zum Repräsentanten der liberalen Romantik. Seit 1827 präsidiert er dem *Cénacle,* einem Diskussionskreis von romantischen Schriftstellern, die sich regelmäßig in seinem Haus treffen.

Themen

- Subjektivität (Liebe, Kindheit, Tod, Erinnerungen)
- Mittelalter
- Orientalismus
- Soziale Gegensätze und Konflikte

Stil

In seiner Lyrik, insbesondere in *Les Orientales* (1829), bedient sich Hugo gern des Schwarz-Weiß-Kontrastes, um die verschiedenen Aspekte eines Gegenstands klar hervortreten zu lassen. Darüber hinaus benutzt er häufig Antithesen, die die Vielschichtigkeit der Welt zum Ausdruck bringen sollen.

Figuren

Die Protagonisten HUGOS sind oftmals positiv oder negativ überhöht. Im Sinne der angestrebten Versöhnung des Sublimen mit dem Grotesken sind aber auch gemischte Figuren anzutreffen. – Das Verhalten der epischen Protagonisten ist bei Victor Hugo an keiner Stelle psychologisch motiviert, sondern ergibt sich einzig aus der Konfliktkonstellation. Äußerliche Beschreibungen und Personencharakterisierungen greifen oft ineinander.

Ästhetik

Funktion des Dichters: Hugo sieht den Dichter und sich selbst als Seher, der den Menschen den Weg in eine bessere Zukunft weisen soll. Er begreift die Weltgeschichte als Heilsgeschichte, die die Literatur den Menschen vermitteln soll.

Gegenstand der Kunst: Bei seiner prophetischen Aufgabe sind dem Künstler alle Beschränkungen und Gattungsgrenzen hinderlich. Aus diesem Grund wendet sich Hugo mit aller Entschiedenheit gegen die klassische Stiltrennungslehre: Nicht der literarische Gegenstand entscheidet über die Qualität eines Kunstwerks, sondern einzig und allein seine künstlerische Bewältigung und Gestaltung.

Hauptwerke

Odes et Ballades (1826), Gedichtsammlung, die um Hugos romantisches Menschenbild kreist. In klassischen Alexandrinern wird ein moderner Subjektbegriff entworfen, der durch vermenschlichte Naturbilder dargestellt wird. Daneben finden sich aber auch experimentelle Verse, in denen sich Hugo über sprachlich-stilistische Traditionen hinwegsetzt.

Préface de Cromwell (1827), bedeutendes ästhetisches Manifest romantischer Literatur. Auf der Basis eines geschichtsphilosophischen Epochenmodells entwickelt Hugo die Grundzüge seines Literaturbegriffs. Dabei stehen die *temps primitifs* für das vorgeschichtliche Zeitalter, die *temps antiques* für das vorchristliche Grie-

	temps primitifs	temps antiques	temps modernes
Entwicklungsstufe	enfance	homme	vieillesse
Gesellschaftsform	famille, communauté	théocratie	nation
Religion	religion naturelle	religion spiritualiste	christianisme
Einstellung	naïveté	simplicité	vérité
Hauptgattung	l'ode	l'épopée	le drame
Repräsentant	–	Homer	Shakespeare
Ästhetisches Ideal	le sublime	la beauté	le grotesque

Victor Hugos geschichtsphilosophisches Epochenmodell

chenland und die römische Geschichte. Die *temps modernes* umfassen das christliche Abendland und schließen das Mittelalter ein.

Die moderne christliche Epoche ist für Hugo vor allem durch das Gefühl von Melancholie beherrscht, der Sehnsucht nach dem Jenseits. Das Christentum hat für Hugo kaum dogmatische Bedeutung; er benutzt es eher als ästhetisches Arsenal literarischer Gestaltung. Das Drama gilt als höchste Gattung, die die ganze Welt repräsentieren kann. Hugo fordert die Aufhebung der Stil- und Gattungsgrenzen des Klassizismus und vollzieht ästhetisch die soziale Aufhebung der Ständehierarchie nach. Vom Drama erwartet er die beste Darstellung gesellschaftlicher Wirklichkeit und versteht Literatur als politisch-moralische Institution.

Textauszug

Le christianisme amène la poésie à la vérité. Comme lui, la muse moderne verra les choses d'un coup d'œil plus haut et plus large. Elle sentira que tout dans la création n'est pas humainement beau, que le laid y existe à côté du beau, le difforme près du gracieux, le grotesque au revers du sublime, le mal avec le bien, l'ombre avec la lumière. [...] Nous dirons seulement ici que, comme objectif auprès du sublime, comme moyen de contraste, le grotesque est, selon nous, la plus riche source que la nature puisse ouvrir à l'art. [...] Le beau n'a qu'un type; le laid en a mille.
aus: VICTOR HUGO „Préface de Cromwell"

Kommentar

Die Textpassage zeigt die antithetische Konstruktion von Hugos ästhetischer Theorie *(beau/laid, difforme/gracieux, grotesque/sublime, mal/bien, ombre/lumière)*. Mittels der Verbindung von Gegensätzlichem soll der Zugriff auf das Ganze der Gesellschaft gelingen. Hugo betont so den Realismus des Dramas und legt zugleich die Grundlage für eine „Ästhetik des Hässlichen". Das klassische Literaturverständnis soll aus der Verbindung von Gegensätzlichem – vor allem des Grotesken und Sublimen – überwunden werden. Dem uniformen Schönheitsideal der Klassik wird ein vielgestaltiger Schönheitsbegriff gegenübergestellt.

Hernani (1830), historisches Drama, verursachte den größten Theaterskandal des 19. Jahrhunderts (s. S. 19). Der spanische Adlige Hernani will seinen Vater rächen, der auf Befehl des Königs hingerichtet wurde, und wird so zum geächteten Räuberhauptmann. Seiner Geliebten, Doña Sol de Sylva, will er ein solches Leben nicht zumuten. Er wird vom Onkel seiner Geliebten, Herzog Ruy Gomez, der selbst ein Auge auf seine Nichte geworfen hat, vor den Häschern des Königs gerettet und muss sich diesem als Gegenleistung schriftlich ausliefern, wann immer er es wünscht. Als die Geliebten nach zahlreichen Verwicklungen endlich zusammenfinden, besteht der Herzog auf seinem Vertrag und reicht Hernani einen Giftbecher, aus dem beide Liebenden trinken.

Zentrales Thema des Dramas ist die Fatalität des Lebens, das die Helden notwendig in den Tod treibt. Es enthält zahlreiche Entlehnungen und Anspielungen, z. B. an FRIEDRICH SCHILLERS *Die Räuber* und SHAKESPEARES *Romeo und Julia*. Mit der Verbindung von tragischen und komischen Elementen versucht Hugo, sein in der *Préface de Cromwell* formuliertes Programm in die Praxis umzusetzen.

Notre Dame de Paris (1831), historischer Roman. Der düster-diabolische Dom Frollo ist der schönen Zigeunerin Esmeralda verfallen. Gemeinsam mit seinem Zögling, dem buckligen und verunstalteten Quasimodo, versucht er, sie zu entführen. Das Unternehmen wird durch einen Trupp Soldaten unter der Führung von Phoebus de Chateaupers vereitelt, in den sich Esmeralda prompt verliebt. Frollo kann fliehen, Quasimodo wird verhaftet, jedoch alsbald wieder entlassen. Frollo will sich rächen, versucht Phoebus zu töten und lenkt den Verdacht auf Esmeralda. Als diese zum Schafott geführt wird, entführt Quasimodo sie in die Kirche Notre-Dame, die nach altem Recht als Ort des Asyls gilt. Als sich Frollo ihr erneut nähert, stößt Quasimodo ihn vom Turm. Esmeralda stirbt durch ein tragisches Missverständnis bei einem Befreiungsversuch des Bettlervolks. Quasimodos Leiche wird später auf ihrem Grab gefunden.

Von zwei Nebenfiguren (König Louis XI und der Dichter Pierre Gringoire) abgesehen, sind alle Protagonisten des Romans fiktiv. Neben Quasimodo, Esmeralda, Frollo und Phoebus spielt das Volk von Paris eine Schlüsselrolle in den dargestellten Ereignissen: Hugos Roman enthält als neue literarische Technik eindringliche Massenszenen. Die Kathedrale Notre-Dame wird anthropomorphisiert und unmittelbar in die Handlung einbezogen.

Textbeispiel

[...] toute sa personne était une grimace. Une grosse tête hérissée de cheveux roux; entre les deux épaules une bosse énorme dont le contre coup se faisait sentir par devant; un système de cuisses et de jambes si étrangement fourvoyées qu'elles ne pouvaient se toucher que par les genoux,

et, vues de face, ressemblent à deux croissants de faucilles qui se rejoignent par la poignée; de larges pieds, des mains monstrueuses; et avec toute cette difformité, je ne sais quelle allure redoutable de vigueur, d'agilité et de courage; étrange exception à la règle éternelle qui veut que la force, comme la beauté résulte de l'harmonie.
aus: VICTOR HUGO, „Notre-Dame de Paris", I, 5

Kommentar

Die Figur des Quasimodo gilt als markante epische Umsetzung des grotesken Helden. In ihr vereinigen sich Hässlichkeit *(grimace, cheveux roux, bosse énorme, etc.)* und Moral *(vigueur, agilité, courage)*. Quasimodo ist aus Extremen und Gegensätzen konstruiert, die keine differenzierte Persönlichkeitsdarstellung zulassen. Hugos grotesker Held steht damit im Widerspruch zu seinem realistischen Anspruch.

Hauptwerke

Ruy Blas (1838), historisches Drama mit sozial-engagierter Tendenz, das sich an den pikaresken Roman anlehnt und erstmals das Volk als literaturfähige Gruppe auf der Bühne präsentiert. Der schurkische Don Salluste sinnt auf Rache gegen die Königin Maria, die ihn zur Hochzeit mit einer von ihm verführten Hofdame zwingen möchte. Er bedient sich seines Dieners Ruy Blas, der dem verschwundenen Höfling Don César zum Verwechseln ähnlich sieht, und stiftet ihn zum Mord an. Ruy Blas wird jedoch selbst zum Günstling der Königin und versucht, sie zu beschützen. Als die Situation ausweglos wird, beschließt er, sich das Leben zu nehmen und ersticht zuvor Don Salluste. Anschließend gesteht er der Königin seine falsche Identität und den Betrug, sie verzeiht ihm zu spät, so dass er bereits Gift getrunken hat und in ihren Armen stirbt.

In Hugos Drama überschneiden sich menschliche und soziale Konflikte. Der Diener Ruy Blas wird dabei zum Sprachrohr des Bürgertums, das im romantischen Drama selbst nicht in Erscheinung tritt. Die Königin erscheint als moralisch vollkommen integre Person sowie als Vorbild humanistischen Denkens. Der ständeübergreifende Konflikt lässt jede monarchistische Gesellschaftsordnung obsolet erscheinen. Unwahrscheinlich ist u. a., dass die Verwandlung Ruy Blas vom Diener zum Hocharistokraten so rasch vonstatten geht und von niemandem bemerkt wird.

Les Contemplations (1856), Gedichtsammlung in sechs Büchern, die sich mit den Themen Kindheit, Liebe und Tod auseinandersetzt. Zahlreiche autobiographische Aspekte, wie die eigene Kindheit, der Tod von Hugos Tochter Leopoldine und die Erfahrung des Exils auf der Kanalinsel Jersey stehen an der Seite von allgemeineren Themen wie dem menschlichen Leiden und dem weltlichen Elend, der Todeserfahrung und der Lehre von der Metempsychose (Seelenwanderung). Darüber hinaus beschäftigen sich einzelne

Gedichte mit künstlerischen Fragen, in denen sich Hugo als künstlerischer Revolutionär und als Prophet stilisiert.

Die Vielzahl von behandelten Themen verlangt nach verschiedenen Stillagen und sprachlichen Formen. Dabei interessiert Hugo oft weniger die argumentative als die suggestive Kraft seiner Worte.

Le roi s'amuse (EA 1832), historisches Versdrama; *Lucrèce Borgia* (EA 1833), Prosadrama; *Les chants du crépuscule* (1835), philosophische Gedichte; *Les burgraves* (EA 1843), Versdrama; *La légende des siècles; Chansons des rues et des bois* (1859, 1877, 1883), Gedichtzyklus; *Les misérables* (1862), moralisierender Bildungsroman; *Les travailleurs de la mer* (EA 1866), phantastischer Roman; *Quatrevingt-treize* (1874), historischer Roman.

4 Alphonse de Lamartine

Zur Person

ALPHONSE-MARIE-LOUIS PRAT DE LAMARTINE (1790–1869) entstammt einer verarmten Adelsfamilie. Er genoss eine fromme Erziehung, unternahm Reisen in die Schweiz und nach Italien. Er verliebte sich in die tuberkulosekranke Julie Charles, die 1817 starb und als Elvire in vielen seiner Werke erscheint. 1830 wurde er Mitglied der Akademie, 1848 für kurze Zeit Minister. Nach Napoleons Staatsstreich 1851 zog er sich aus der Politik zurück. Im Laufe seines Lebens wandelte er sich politisch von einem Royalisten zum republikanischen Regierungsmitglied nach 1848.

Themen

- Selbstversicherung christlicher Heilsgewissheit
- Harmonie zwischen Gott, Mensch und Welt
- Naturbilder und Landschaften
- Weltschmerz und Frömmigkeit
- Lyrik als allumfassende literarische Form

Stil

Lamartines Lyrik unterliegt keinem logischen Konstruktionsprinzip, das auf Argumentation zielt, sondern folgt dem beständigen Schema von Aufstieg und Fall, vergleichbar der Musik eines großen Symphonieorchesters. In Versmaß und Rhythmik steht er jedoch fest in der klassischen Tradition.

Hauptwerke

Méditations poétiques (1820), Gedichtsammlung. Die 41 Gedichte der Sammlung schwanken zwischen tiefer Verzweiflung und christlicher Heilsgewissheit. Lamartine fragt u. a. nach der Unsterblichkeit der Seele, der Existenz Gottes und der Möglichkeit von Glück. Persönliche Erfahrungen, wie der Tod von Lamartines Geliebter Julie Charles, werden in elegischen Naturbildern entfaltet.

Das Subjekt der Gedichte sieht sich hier selbst als zentralen Erfahrungsgegenstand, in dem sich die gesamte Welt spiegelt.

Menschliche Seele und äußerliche Natur werden als Einheit gesehen. Der Reflexivität der Gedichte entspricht ihre didaktische Konzeption. Stilistisch verknüpft Lamartine verbale Melodik mit klassischer Rhetorik. – Der Erfolg Lamartines war überwältigend: Die *Méditations poétiques* erlebten zehn Auflagen in nur drei Jahren.

Textbeispiel **Alphonse de Lamartine: L'automne**

Salut! bois couronnés d'un reste de verdure!
Feuillages jaunissants sur les gazons épars!
Salut, derniers beaux jours! le deuil de la nature
Convient à la douleur et plaît à mes regards!

Je suis d'un pas rêveur le sentier solitaire,
J'aime à revoir encor, pour la dernière fois,
Ce soleil pâlissant, dont la faible lumière
Perce à peine à mes pieds l'obscurité des bois!
Oui, dans ces jours d'automne où la nature expire,
A ses regards voilés, je trouve plus d'attraits,
C'est l'adieu d'un ami, c'est le dernier sourire
Des lèvres que la mort va fermer pour jamais!

Ainsi, prêt à quitter l'horizon de la vie,
Pleurant de mes longs jours l'espoir évanoui,
Je me retourne encore, et d'un regard d'envie
Je contemple ses biens dont je n'ai pas joui!

Terre, soleil, vallons, belle et douce nature,
Je vous dois une larme aux bords de mon tombeau;
L'air est si parfumé! la lumière est si pure!
Aux regards d'un mourant le soleil est si beau!

Je voudrais maintenant vider jusqu'à la lie
Ce calice mêlé de nectar et de fiel!
Au fond de cette coupe où je buvais la vie,
Peut-être restait-il une goutte de miel?

Peut-être l'avenir me gardait-il encore
Un retour de bonheur dont l'espoir est perdu?
Peut-être dans la foule, une âme que j'ignore
Aurait compris mon âme, et m'aurait répondu?...

La fleur tombe en livrant ses parfums au zéphire;
A la vie, au soleil, ce sont là ses adieux;
Moi, je meurs; et mon âme, au moment qu'elle expire,
S'exhale comme un son triste et mélodieux.

aus: Alphonse de Lamartine, „Méditations poétiques"

Kommentar	In seinem Gedicht *L'automne* verknüpft Lamartine die Darstellung von Naturerfahrungen mit dem Ausdruck von Innerlichkeit. Das Begriffsfeld „Herbst des Lebens" dient als Klammermetapher. Die Natur erscheint in Gestalt von *automne, bois, verdure* und *feuillages* und wird mit relativ unbestimmten Adjektiven beschrieben *(parfumé, pure, beau,* etc.). Die Empfindungen des lyrischen Ich werden einerseits mit *deuil, douleur* und *larme* angegeben, die sich aber gerade in den letzten Strophen mit *attraits* und *sourire* mischen. Der Parallelismus wird in der Schlussstrophe zu Ende geführt *(La fleur tombe... Moi, je meurs...).* Das lyrische Ich tritt in Form von Apostrophen *(Salut, bois couronnés... Salut, derniers beaux jours!),* Aufzählungen *(Terre, soleil, vallons...)* und Ausrufen *(L'air est si parfumé!...)* in Erscheinung. – Das Gedicht veranschaulicht eine ambivalente Einstellung dem Tod gegenüber, der zum einen zur wehmütigen Rückschau einlädt und zum anderen das Ende des irdischen Leids verheißt. Mit Hilfe des Parallelismus von Natur und Empfindung formuliert es den romantischen *mal du siècle,* dessen Ursachen unbestimmt bleiben müssen und deshalb nicht präzise benannt werden.
Hauptwerke	*Nouvelles Méditations* (1823). Die Gedichte dieser Sammlung stehen für Lamartines Wendung zur Gefühlslyrik. Er versteht Religion als letzten Hoffnungsträger in einer sinnentleerten Welt, kennt jedoch keine Heilsgewissheit und kein festes Gottesbild. Durch die fehlende Heilserwartung verstärkt sich der melancholische Grundton der Gedichte.
	Souvenirs d'un voyage en Orient (1835), literarischer Reisebericht; Jocelyn (1836), Versepos; *La chute d'un ange* (1838), Versepos.

5 Alfred de Vigny

Zur Person	ALFRED COMTE DE VIGNY (1797–1863), Sohn einer durch die Revolution enteigneten Adelsfamilie, Soldat in der bourbonischen Armee. Ab 1830 Sympathisant der Saint-Simonisten. 1845 Mitglied der Akademie. – Teilweise zeigt er sich als gläubiger Christ, der vor allem an den strafenden Gott glaubt, begibt sich aber auch in die Rolle des Empörers gegen Gott und schwankt zwischen Resignation und Revolte.
Stoffe/ Motive	▪ Probleme des Glaubens und der Eschatologie ▪ Leiden des Künstlers im 19. Jahrhundert
Ästhetik	Vigny gilt in der Forschung als Musterbeispiel des philosophierenden Lyrikers. Er begreift seine Dichtung als Komplement zur Geschichtsschreibung. Während diese nur die Außenseite histori-

scher Ereignisse erfasst, stellt die Dichtung die Innenseite historischen Erlebens dar. Auf dieser Grundlage strebt er nach einer homogenen Wirklichkeitsdarstellung, die die Kontingenz historischen Authentizitätsstrebens hinter sich lässt.

Stil

Vigny bedient sich in seiner Lyrik des klassischen Alexandriners, mit dem er die Ernsthaftigkeit seiner Reflexionen zum Ausdruck bringen möchte. Biblische Figuren transformiert er in Symbole menschlichen Verhaltens. „Moses" steht für das einsame Genie, „Dalila" für Treulosigkeit.

Hauptwerke

Poèmes antiques et modernes (1826), Gedichtsammlung, die sich überwiegend der Darstellung der Einsamkeit und Größe des Genies widmet. Vigny verwendet zumeist biblische Stoffe, um die Sonderrolle des Künstlers zu versinnbildlichen. In den Gedichten manifestiert sich seine pessimistische Einstellung gegenüber der chaotischen und trivialen Gesellschaft seiner Zeit, die er dem Untergang geweiht sieht.

Textbeispiel

Alfred de Vigny: Le cor

J'aime le son du Cor, le soir, au fond des bois,
Soit qu'il chante les pleurs de la biche aux abois,
Ou l'adieu du chasseur que l'écho faible accueille,
Et que le vent du nord porte de feuille en feuille.

Que de fois, seul, dans l'ombre à minuit demeuré,
J'ai souri de l'entendre, et plus souvent pleuré!
Car je croyais ouïr de ces bruits prophétiques
Qui précédaient la mort des Paladins antiques.

O montagnes d'azur! ô pays adoré!
Rocs de la Frazona, cirque du Marboré,
Cascades qui tombez des neiges entrainées,
Sources, gaves, ruisseaux, torrents des Pyrénées;

Monts gelés et fleuris, trône des deux saisons,
Dont le front est de glace et le pied de gazons!
C'est là qu'il faut s'asseoir, c'est là qu'il faut entendre
Les airs lointains d'un Cor mélancolique et tendre.

Souvent un voyageur, lorsque l'air est sans bruit,
De cette voix d'airain fait retentir la nuit;
A ses chants cadencés, autour de lui, se mêle
L'harmonieux grelot du jeune agneau qui bêle.

Une biche attentive, au lieu de se cacher,
Se suspend, immobile, au sommet du rocher,
Et la cascade unit, dans une chute immense,
Son éternelle plainte au chant de la romance.

Ames des Chevaliers, revenez-vous encor?
Est-ce vous qui parlez avec la voix du Cor?
Roncevaux! Roncevaux! Dans ta sombre vallée
L'ombre du grand Roland n'est donc pas consolée!

aus: ALFRED DE VIGNY, „Poèmes antiques et modernes"

Kommentar

Das 1825 datierte Gedicht Vignys besteht aus vier Abschnitten, von denen hier nur der erste wiedergegeben ist. In vier jeweils paarweise gereimten Alexandrinern verknüpft der Autor eine Reihe romantischer Bildfelder. Das lyrische Ich schildert zunächst das Ende einer Jagd in den Pyrenäen, die es über eine Reihe von Naturimpressionen *(fond des bois, montagnes d'azur, roc, cascades)* zu Reflexionen über den Tod anregt *(pleurs, mort, Cor mélancolique, éternelle plainte)*. Der Schauplatz der Jagd *(Roncevaux)*, ein Gebirgspass, an dem im Jahre 778 das Heer Karls des Großen von den Sarazenen geschlagen wurde, weckt die Erinnerung an das Mittelalter *(Paladins antiques*, d. s. zwölf Ritter, die das Gefolge Karls bildeten, *Chevaliers, Roland)* und damit zugleich an ein ideales Christentum *(bruits prophétiques, l'harmonieux grelot du jeune agneau)*. Die wichtigsten Stilfiguren des Gedichts sind die Apostrophe *(O montagnes d'azur! ô pays adoré! Roncevaux!)* und die Antithese *(sourir/pleurer; géler/fleurir; glace/gazons)*. Beide stehen in Zusammenhang mit der beschriebenen Todeserfahrung, die sowohl Schrecken als auch Hoffnung mit sich bringt. Der letzte Vers *(L'ombre du grand Roland n'est donc pas consolée!)* kann vor diesem Hintergrund sowohl als Zweifel am christlichen Erlösungsglauben als auch als Kritik am Geltungsverlust der Religion verstanden werden.

Hauptwerke

Chatterton (1835), Künstlerdrama um den englischen Dichter Thomas Chatterton (1752-1770), der sich im Alter von 17 Jahren das Leben nahm. Der sensible Dichter lebt im Hause des reichen und geistfernen Industriellen Bell. Er verliebt sich in dessen Frau und sieht für sich aufgrund seiner hohen moralischen Wertvorstellungen nur den Tod als Ausweg, um der Katastrophe zu entgehen. Kurz nach seinem Freitod nimmt sich auch die geliebte Frau das Leben.

Das Drama stellt den letzten Tag im Leben Chattertons dar und erfüllt unabsichtlich die klassischen Regeln (Einheit von Ort, Zeit und Handlung). Die detaillierte Darstellung des englischen Großbürgertums trägt bereits realistische Züge. Vigny begreift Chatterton als Symbol für den von der modernen Industriegesellschaft erstickten Poeten. Innerhalb des bürgerlichen Materialismus muss dichterische Sensibilität notwendigerweise zugrunde gehen.

Daphné. Deuxième consultation du Docteur Noir (geschrieben 1837, EA 1912), Fragment eines philosophischen Romans. Innerhalb einer Rahmenhandlung diskutieren der Idealist Stello und der Skeptiker Docteur Noir die Briefe Kaiser Julians, der sich vom Christentum abgewendet hat, weil es nicht zur Besserung der Menschen beigetragen hat. Er will die Unwissenheit ausrotten und dadurch eine neue Moral begründen. Sein Gegenpart ist der Philosoph Libanios, der den Glauben an Übernatürliches als Grundlage moralischen Handelns für unverzichtbar hält. Stello zieht Parallelen zwischen dem Untergang Roms und der aktuellen Situation Frankreichs.

Zentrales Thema des Romans, der ursprünglich zu einer Trilogie ausgebaut werden sollte, ist das Verhältnis von Moral und Glauben, die Vigny entschieden getrennt wissen möchte.

Cinq-Mars ou une conjuration sous Louis XIII (1826), historischer Roman (1826); *Stello* (1831), Künstlerroman in Dialogform; *Servitude et grandeur militaires* (EA 1835), Novellensammlung.

6 Alfred de Musset

Zur Person

ALFRED DE MUSSET (1810–1857). Studium der Medizin, der Musik und der bildenden Kunst. Schon früh schloss er Freundschaft mit Victor Hugo und dem Herzog von Orléans. Zu den Schlüsselerlebnissen seines Lebens zählt die unglückliche Liebesbeziehung zu GEORGE SAND. Musset verkehrte in zahlreichen Pariser Salons. Sein ausufernder Lebensstil entspricht dem zeitgenössischen Ideal des Dandyismus mit starkem Alkohol- und Haschischkonsum. Seit 1852 war Musset Mitglied der Akademie.

Themen

- Leiden des Menschen
- Verhältnis von Liebe und Künstlertum
- Gegensatz von Kunst und Leben
- Revolte des Einzelnen in historischen Dramen

Stil

Im Unterschied beispielsweise zu Vigny ist Mussets Lyrik stark gefühlsbetont und im Ton äußerst pathetisch. Apostrophen sind ebenso häufig anzutreffen wie Exklamationen. Darüber hinaus bedient sich Musset zahlreicher pathetischer Bilder, wie z. B. blutender Herzen u. ä.

Ästhetik

Lyrik: Nach Auffassung Mussets bedarf der Dichter der Inspiration. Zwar wurzelt Lyrik in der lebensweltlichen Erfahrung, doch sind alle narrativen Aspekte vom Dichter zu tilgen, so dass allein der Gefühlsausdruck übrig bleibt. Der Rezipient soll sich nicht auf Ereignisse und Situationen konzentrieren, sondern die Gefühle des Dichters nachempfinden.

Drama: Als Dramatiker verfasste er komplexe Stücke, die bereits von ihrer Anlage her eher zur Lektüre als zur Aufführung konzipiert sind. Die Vielzahl von Personen sowie häufige Orts- und Szenenwechsel erschweren jede Inszenierung. – Seine Dramen beginnen zumeist in einem komischen Ambiente und wenden sich allmählich zum tragischen Ende.

Hauptwerke

Rolla (1833), Verserzählung um einen von Weltschmerz zerfressenen Lebemann, der Selbstmord begeht, und eines jungen Mädchens, das ihm in der letzten Nacht Gesellschaft leistet. Verworfenheit, Prostitution und Reinheit prallen in der Erzählung aufeinander und finden keine Synthese.

Musset klagt die monotone und leere bürgerliche Gesellschaft an und stellt ihr das idealisierte Bild einer ganzheitlichen Antike und eines harmonischen Mittelalters gegenüber, zu denen es keine Rückkehr mehr gibt. Allein die wollüstige Liebe und der Wahnsinn bilden die letzten positiven Erfahrungsbereiche des Menschen.

Les caprices de Marianne (1833), Prosakomödie in zwei Akten. Der neapolitanische Jüngling Célio verliebt sich in die verheiratete Marianne. Er bittet seinen Freund Octave, in seinem Namen bei der tugendhaften Klosterschülerin zu werben. Durch seine Redegewandtheit und seinen Charme hat Octave schließlich Erfolg und muss dabei erkennen, dass er selbst nicht ohne Chancen bei Marianne ist. Seine Freundschaft gebietet ihm jedoch, nicht selbst zum vereinbarten nächtlichen Rendez-vous zu gehen, sondern Célio zu schicken. Nichtsahnend geht dieser in eine Falle des mißtrauisch gewordenen Ehemanns und wird von bezahlten Mördern umgebracht. Vor dem Grab des Freundes verbietet sich Octave jeden weiteren Gedanken an Marianne.

Textbeispiel

OCTAVE: Comment se porte, mon bon monsieur, cette gracieuse mélancolie?
CELIO: Octave! ... O fou que tu es! Tu as un pied de rouge sur les joues. D'ou te vient cet accoutrement? N'as tu pas de honte, en plein jour?
OCTAVE: O Célio! fou que tu es! tu as un pied de blanc sur les joues! D'où te vient ce large habit noir? N'as-tu pas de honte, en plein carnaval?
CELIO: J'allais chez toi.
OCTAVE: Et moi aussi j'allais chez moi. Comment se porte ma maison? il y a huit jours que je ne l'ai vue.
CELIO: J'ai un service à te demander.
OCTAVE: Parle, Célio, mon cher enfant. Veux-tu de l'argent? Je n'en ai plus. Veux-tu mon épée? voilà une batte d'Arlequin. Parle, parle, dispose de moi.
CELIO: Combien de temps cela durera-t-il? ... Huit jours hors de chez toi! ... Tu te tueras, Octave.
OCTAVE: Jamais de ma propre main, mon ami, jamais; j'aimerais mieux mourir que d'attenter à mes jours.

CELIO: Et n'est-ce pas un suicide comme un autre, cette vie que tu mènes?
[...]
OCTAVE: Que tu es fou de ne pas être heureux! Dis-moi un peu, toi,
qu'est-ce qui te manque?
CELIO: Il me manque le repos, la douce insouciance qui fait de la vie un
miroir où tous les objets se peignent un instant et sur lequel tout glisse.
Une dette, pour moi, est un remords. L'amour, dont vous autres vous fai-
tes un passe-temps, trouble ma vie entière. O mon ami, tu ignoreras tou-
jours ce que c'est qu'aimer comme moi! Mon cabinet d'étude est désert;
depuis un mois j'erre autour de cette maison la nuit et le jour. Quel char-
me j'éprouve, au lever de la lune, à conduire sous ces petits arbres, au
fond de cette place, mon chœur modeste et de musiciens, à marquer moi-
même la mesure, à les entendre chanter la beauté de Marianne!
aus: ALFRED DE MUSSET, „Les caprices de Marianne", I, 1

Kommentar

Mussets Drama überwindet die Grenze von Tragischem und Komischem und verkörpert damit die romantische Forderung nach Stilmischung. Der leichtlebig-sarkastische, aber doch hellsichtige Octave konterkariert die Figur des hingebungsvoll, aber unglücklich liebenden Célio. In der typisch romantischen Schilderung ihres Seelenzustands wird deutlich, dass beide, wenn auch aus unterschiedlichen Gründen, keine Erfüllung finden können. – Der Auszug zeigt einen neuen dramatischen Dialogstil, in dem Musset der klassischen Expositionssituation des Gesprächs mit einem Vertrauten durch den Wechsel der Stilebenen komische Züge verleiht: Auf die Frage nach den Ursachen der *triste mélancolie* antwortet Célio mit banalen Vorwürfen. Als Célio um *un service* bittet, antwortet Octave, dass er pleite sei. Alltagssprachliche Wendungen und komische Wiederholungen stehen in markantem Kontrast zu gehobenen Redewendungen und Stilfiguren, die der klassischen Tragödie entlehnt sein könnten (z. B. *épée vs batte d'Arlequin*).

Hauptwerke

Lorenzaccio (1835), historisches Drama um die Ermordung Alexandre de Médicis durch seinen Cousin Lorenzo im Jahre 1537. Der authentische Stoff dient Musset als Vorlage für zahlreiche Reflexionen über das menschliche Schicksal und die Bestimmung des Individuums. Die Tragik Lorenzos, den die Bürger der Stadt Florenz Lorenzaccio nennen, liegt darin, dass er den Mord begehen muss, obwohl er dessen Nutzlosigkeit erkennt.

Das Drama ist als Folge von Einzelbildern konstruiert, die die Einheiten von Ort und Zeit endgültig sprengt. Durch zahlreiche Nebenfiguren entsteht ein beeindruckendes Stimmungsbild der Stadt Florenz. Unter biographischen Gesichtspunkten repräsentieren die Protagonisten drei Menschentypen: Neben den machtorientierten Realisten gibt es Musset zufolge den antriebsschwachen Massenmenschen und den passiven Idealisten. Unter stilistischen Gesichtspunkten verbindet das Drama rüde Alltags-

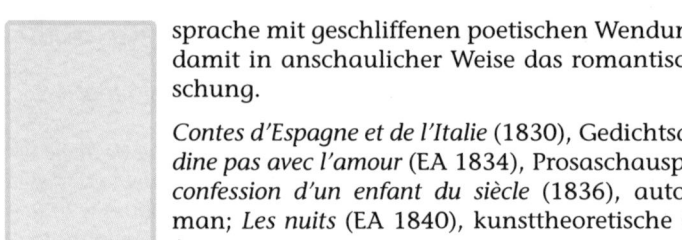

sprache mit geschliffenen poetischen Wendungen und verkörpert damit in anschaulicher Weise das romantische Ideal der Stilmischung.

Contes d'Espagne et de l'Italie (1830), Gedichtsammlung; *On ne badine pas avec l'amour* (EA 1834), Prosaschauspiel in drei Akten; *La confession d'un enfant du siècle* (1836), autobiographischer Roman; *Les nuits* (EA 1840), kunsttheoretische Gedichte in Dialogform.

2

Realismus

1 Epochenmerkmale und -abgrenzungen

Zum Begriff „Realismus" existiert sowohl als literaturgeschichtlicher Epochenbegriff als auch als Bezeichnung für eine Reihe literarischer Techniken. Beide Begriffe überschneiden sich teilweise in ihrem Bedeutungsumfang. Bereits die Antike formulierte in diesem Sinne einen Anspruch auf realistische Darstellung, und bis ins 19. Jahrhundert hinein sind über die Begriffe *vraisemblance* und *mimesis* immer wieder neue Postulate formuliert worden. Die unterschiedlichen Konzepte werden anschaulich bei ERICH AUERBACH *Mimesis – Dargestellte Wirklichkeit in der abendländischen Literatur* nachgezeichnet. Im Folgenden soll „Realismus" nur im ersten Sinne als Epochenbegriff verstanden werden. – Der Begriff *réalisme* wurde zur historischen Abgrenzung der zeitgenössischen Literatur erstmals 1826 im *Mercure français* verwendet.

Eingrenzung Unter der Epoche des sogenannten „bürgerlichen Realismus" werden häufig die Jahre von 1830 bis 1850 verstanden. Gemeint ist der Zeitraum von der Julirevolution bis zur 1848er-Revolution, bzw. bis unmittelbar vor dem Staatsstreich Louis Bonapartes. Einzelne Literaturgeschichten schließen den Naturalismus ein, womit sich die Epoche bis ca. 1871, dem Ende des Zweiten Kaiserreichs, verlängert. Die Problematik dieser Grenzziehungen wird bereits dadurch erkennbar, dass allein in den Jahren 1856/57 VICTOR HUGOS romantische *Contemplations*, GUSTAVE FLAUBERTS realistischer Roman *Madame Bovary* und CHARLES BAUDELAIRES *Fleurs du mal* erschienen, die den Beginn der Moderne markieren.

Definitionen **Naturalistisch-positivistisch:** Für die Vertreter dieses Erklärungsansatzes gelten solche Werke als realistisch, die sich die Abbildung der phänomenalen Wirklichkeit zum Ziel gesetzt haben und nach größtmöglicher Faktentreue streben. Die Nachahmung der Natur soll an die Stelle der Nachahmung literarischer Vorbilder treten.

Soziologisch: Soziologische Erklärungen knüpfen in der Regel an Abbildkonzeptionen an: HUGO FRIEDRICH definiert den literarischen Realismus des 19. Jahrhunderts durch den Nexus von Charakteren und sozialen Milieus sowie durch den thematischen Gegenwartsbezug. An den Autoren betont er die „Entschiedenheit, mit der sie (die Autoren, F. W.) die Gestalten ihrer Schöpfung in Übereinstimmung mit den Lebensbedingungen und Verhältnissen des damals gegenwärtigen gesellschaftlichen Frankreichs bringen." (Vgl. Friedrich [1970: 23]) – ERICH KÖHLER sieht den literarischen Realismus dadurch definiert, dass es hier „nicht nur um die Richtigkeit des Details, sondern um das Wesen" der Gesellschaft geht (vgl. Köhler [1987:II:67]). Insofern die Gesamtkonzeption plausibel ist, darf der realistische Autor im konkreten Fall durchaus Unwahrscheinliches vorstellen oder sich literarischer Zufälle bedienen. – HANS BLUMENBERG bestimmt die „Realisierung eines in sich einstimmigen Kontextes" als Kennzeichen realistischen Erzählens (vgl. Blumenberg [1664:12]). Hierunter versteht er die sinnhafte Erklärung der sozialen Lebenswelt als Totalität.

Ästhetisch: Für ERICH AUERBACH entsteht literarischer Realismus in der Auseinandersetzung des Künstlers mit literarischen Traditionen und Konventionen. Realistisches Erzählen bedeutet für ihn, tradierte Darstellungsprinzipen zu überwinden und zu einer historisch innovativen Darstellung zu gelangen. Für ihn gilt insbesondere der Verzicht auf die klassische Stiltrennungsregel als Voraussetzung für literarischen Realismus. Die klassizistische Forderung nach harmonischer Übereinstimmung von Form und Inhalt wird überwunden.

Stoffe/ Motive

Gesellschaft: Als inhaltlicher Schwerpunkt realistischer Darstellungen ist die zeitgenössische Gesellschaft anzusehen. Sie soll ebenso vollständig wie unparteiisch *(impartial)* abgebildet werden. Zu diesem Zweck gehen die realistischen Autoren von Einzelbeobachtungen *(petits faits vrais)* aus, die sie nach ästhetischen Regeln zu einem Zusammenhang verknüpfen. – Der Realismus strebt dabei nicht danach, die größtmögliche Entsprechung von literarischer Darstellung und empirischer Erfahrung herzustellen, sondern versucht vielmehr, das „Wesen der Gesellschaft" darzustellen. Realistische Autoren akzeptieren demzufolge auch unwahrscheinliche Begebenheiten, scheinbar unmotivierte Handlungen und literarische Zufälle, sofern diese geeignet sind, wesentliche Merkmale der Gesellschaft offenzulegen.

Individuum: Der Realismus zeigt ein ausgeprägtes Interesse am Menschen, seinem Charakter, seinem Denken und seinen Handlungen. Anders als die Romantik stellt er die Menschen in ihrem sozialen Umfeld dar und zeigt die wechselseitigen Einflüsse. – Ähnlich wie zuvor schon die Romantik beschäftigt sich auch der bürgerliche Realismus bevorzugt mit Leidensgeschichten und individuellem Scheitern. An die Stelle des unbestimmten Leidens romantischer Helden werden hier jedoch konkrete Kausalerklärungen für menschliche Qualen genannt, die die subjektive Befindlichkeit plausibel motivieren. Die Darstellung von Individualität zielt stets darauf ab, etwas Allgemeines zu präsentieren.

Ambition und *mésalliance:* In Epik und Dramatik thematisiert der literarische Realismus soziale Grenzüberschreitungen in Gestalt des gesellschaftlichen Aufstiegs der Protagonisten und ständeübergreifender Liebesbeziehungen. Nach einem einfachen narrativen Schema sind aufrichtige Liebesbeziehungen der Karriere abträglich, während sich die unaufrichtige Liebe als Motor gesellschaftlichen Fortkommens erweist.

Romantische Ästhetik	Realistische Ästhetik
Zukunftspessimismus	
Desillusionierungsabsicht	
Historischer Schönheitsbegriff *(beau relatif)*	
Bekenntnischarakter	Reflektierte Erfahrung
Phantasie	Empirische Wirklichkeit
Literarische Bearbeitung eines Einzelmenschens	Analyse zwischenmenschlicher Interaktion
Darstellung des leidenden Genies	Konfrontation des Genies mit der sozialen Wirklichkeit
Unbestimmt-dunkle Gefühlswelt *(vague)*	Rationale und präzise Beschreibung von Emotionen

Gemeinsamkeiten und Unterschiede von romantischer und realistischer Ästhetik

2 Ideologische Strömungen

Saint-Simon

Zahlreiche realistische Autoren, wie GEORGE SAND, STENDHAL und BALZAC beziehen sich direkt oder indirekt auf die Ideen von CLAUDE-HENRI DE ROUVROYS, COMTE DE SAINT-SIMON (1760–1825). In seinen Schriften *Du système industriel* (1821–1822), *Catéchisme des industriels* (1823–1824) und *Le nouveau Christianisme* (1825) beschreibt Saint-Simon die Entstehung und Entwicklung einer neuen gesellschaftlichen Klasse, der *industriels*. Seine Philosophie lässt sich auf drei Grundprinzipien zurückführen:

- Dominanz der Wirtschaft über die Politik;
- Herrschaft der produktiv Tätigen *(industriels)* über die sozialen Parasiten (Aristokraten, Klerus, Juristen);
- Herrschaft über Menschen tritt an die Stelle der Herrschaft über Dinge.

Die neue Gesellschaft soll auf der Basis einer leistungsorientierten Güterverteilung und des *amour fraternel* entstehen. – Die Schüler Saint-Simons, zu nennen sind etwa BARTHÉLEMY-PROSPER ENFANTIN (1796–1864), PIERRE LEROUX (1797–1871) und PHILIPPE-JOSEPH-BENJAMIN BUCHEZ (1796–1865), systematisierten seine Lehre zum Saint-Simonismus und propagierten u. a. die Überwindung der

Institution Familie zugunsten größerer Einheiten sowie ein ausgebautes Schulwesen.

Fourier

CHARLES FOURIER (1772–1837) verbindet in seinen Schriften *Théorie des quatre mouvements et des destinées générales* (1808) und *Le nouveau monde industriel et sociétaire* (1829) den Gedanken des gesellschaftlichen Fortschritts eng mit der technisch-industriellen Entwicklung. Hierbei gibt es auseinander strebende und harmonisierende Kräfte: Grundgedanke seiner Gesellschaftsauffassung ist zunächst der erbarmungslose Kampf zwischen Arm und Reich. Daneben sieht er in Anlehnung an das physikalische Modell des Kräfteausgleichs aber auch soziale Attraktionskräfte, die ein mehr oder weniger harmonisches Funktionieren der Gesellschaft sichern. – Fourier fordert eine genossenschaftliche Produktionsweise, die dem Einzelnen größere Freiheiten gewähren soll, und erhebt die Emanzipation der Frau zum Gradmesser gesellschaftlichen Fortschritts.

Lamennais

Der Priester HUGUES FÉLICITÉ ROBERT DE LAMENNAIS (1782–1854) kritisiert die Ungerechtigkeit seiner Zeit auf der Basis des Evangeliums und der katholischen Soziallehre. In seinen Schriften *De la religion considérée dans ses rapports avec l'ordre politique et civil* (1825) und *Progrès de la révolution et de la guerre contre l'Eglise* (1829) sowie der von ihm bis 1831 herausgegebenen Zeitschrift *L'Avenir* forderte er die Trennung von Kirche und Staat, kritisierte das Papsttum und bekannte sich schließlich zum Sozialismus. Seine Ideen bleiben jedoch stets dem christlichen Gedanken individueller Nächstenliebe verhaftet und erreichen nicht die Radikalität der Forderungen Saint-Simons oder Fouriers.

3 Gattungen

1 Epik

Bedeutung

Die epischen Formen stehen im Mittelpunkt realistischer Literaturproduktion. Die *Bibliographie de la France,* die 1829 von PHILARÈTE CHASLES gegründet wurde, zählt am Ende der Restauration 237 Romanveröffentlichungen im Jahr. Bereits 1850 wächst die Zahl auf über 1000 an. Der Bedeutungsverlust dramatischer und lyrischer Formen und der gleichzeitige Aufstieg des Romans zur führenden literarischen Gattung werden in der Forschung auf mehrere Ursachen zurückgeführt:

Totalitätsstreben: Die Autoren dieser Epoche streben explizit danach, ein umfassendes und zusammenhängendes Bild der Gesellschaft zu geben, was sich narrativ am besten einlösen lässt. Im

Unterschied zum traditionellen Epos sind die einzelnen Teile nicht länger auf ein gemeinsames Ziel hin ausgerichtet. LOUIS-EMILE DURANTY (1833–1880) definiert den Realismus in diesem Sinne als „la reproduction exacte, complète, sincère, du milieu social, de l'époque où l'on vit".

Gattungsflexibilität: Der Roman unterliegt aufgrund fehlender Gattungstraditionen kaum normativen Traditionsansprüchen und kann den veränderten Bedürfnissen eines bürgerlichen Lesepublikum weit mehr entgegenkommen als andere literarische Formen.

Verändertes Rezeptionsverhalten: Mit dem Aufstieg des Bürgertums zur kulturtragenden und -prägenden Schicht vollzieht sich eine Individualisierung des Rezeptionsprozesses: Das bürgerliche Individuum zieht die zurückgezogene Lektüre der kollektiven Rezeption dramatischer Bühnenaufführungen vor.

Theorie

Wahrheitsforderung: Realistische Autoren versehen ihre literarischen Werke oftmals mit einem unbedingten Wahrheitsanspruch: Bereits VIGNY ergänzt seinen historischen Roman *Cinq-mars* 1829 um ein Vorwort mit der bezeichnenden Überschrift „Réflexions sur la vérité dans l'art". – STENDHAL stellt seinem Roman *Le rouge et le noir* (1831) das Motto voran: „La vérité. L'apre vérité." – GEORGE SAND schließlich entlastet in ihrem Vorwort zum Roman *Indiana* (1832) den Künstler, indem sie sagt, dass dieser sich nichts vorzuwerfen habe, „si ses empreintes sont exactes, si son reflet est fidèle."

Spiegelmetapher: Im realistischen Roman spielt die Reflexion auf die Abbildungsqualitäten des Romans eine große Rolle. Zu den wichtigen und folgenreichen Definitionen zählt STENDHALS „Spiegelmetapher", die in seinen Roman *Le rouge et le noir* integriert ist:

Eh, monsieur, un roman est un miroir qui se promène sur une grande route. Tantôt il réflète à vos yeux l'azur des cieux, tantôt la fange des bourbiers de la route. Et l'homme qui porte le miroir dans sa hotte sera par vous accusé d'être immoral! Son miroir montre la fange, et vous accusez le miroir! Accusez plutôt le grand chemin où est le bourbier, et plus encore l'inspecteur des routes qui laisse l'eau croupir et le bourbier se former.
aus: STENDHAL, „Le Rouge et le Noir", II, 19

Kommentar

Die Spiegelmetapher lässt das Programm und die wesentlichen Anliegen des realistischen Romans erkennen. Hierzu gehören:
- Erschließung neuer literarischer Themen *(fange, bourbier)*
- Darstellung der *ganzen* Gesellschaft in allen ihren Facetten
- Verzicht auf Idealisierungen

- Objektivität der Darstellung
- Gesellschaftliches Engagement

Im Rahmen seiner Forderung nach objektivem Realitätsbezug macht Stendhal eine wichtige Ausnahme: die große Leidenschaft. Obwohl sie seiner Auffassung nach in der Wirklichkeit kaum anzutreffen sei, tritt sie in seinen Romanen häufig in Erscheinung, weil sich mit ihrer Hilfe das Wesen der Gesellschaft exemplarisch erschließen lässt. Die Aufgabe des Künstlers besteht darin, Wirklichkeitsaspekte auszuwählen und so miteinander zu kombinieren, dass ein plausibler Gesamteindruck entsteht *(style du vrai)*. Entscheidend für den realistischen Eindruck ist damit nicht die *vraisemblance* des Details, sondern der kohärente Gesamtzusammenhang der Darstellung.

Formen

Unter inhaltlichen Gesichtspunkten unterscheidet insbesondere die französische Literaturgeschichtsschreibung vier verschiedene Formen des realistischen Romans:
- den sentimentalen Roman um Liebe und soziale Schranken
- den „schwarzen" Roman um Geheimnisse und Verbrechen
- den Unterhaltungsroman, der Charaktere oder Verhaltensweisen karikiert
- den Individualroman, der den Widerspruch von Individuum und Gesellschaft thematisiert

Insbesondere die letzte Form prägte entscheidend das Verständnis des literarischen Realismus in der Literaturgeschichtsschreibung.

Motive/ Stoffe

Erzähltechniken des historischen Romans, wie die Konzentration der Intrige, die wechselseitige Verwiesenheit der Einzelschicksale und die perspektivierende Verwendung des Dialogs werden in dieser Epoche auf die Darstellung der zeitgenössischen Gesellschaft angewendet. Gegenstand ihrer Kritik sind:
- der allgemeine sittliche Verfall,
- der Widerspruch von Sein und Schein sowie
- die ungebremste Profitgier des Bürgertums.

Helden

Die Helden des realistischen Romans sind zumeist junge Männer, die im Widerspruch zur Gesellschaft ihrer Zeit stehen und in ihr keinen Platz finden können. Die Lösung des daraus resultierenden Konflikts liegt im individuellen Scheitern des Einzelnen, dessen Ursachen kausal aufgezeigt werden. Dabei steht die moralische Qualität des Protagonisten zumeist in einem umgekehrt proportionalen Verhältnis zu seiner sozialen Stellung. – Entsprechend der deterministischen Theorie HIPPOLYTE TAINES sind die meisten Protagonisten durch *race, milieu* und *moment* geprägt.

Typisierung

Der realistische Roman verfügt über ein ausgedehntes Figurenrepertoire. Eine Reihe von Figuren mit typischen Zügen kehrt dabei immer wieder. Zu ihnen zählen:

- Der **ambitieux** sucht den sozialen Aufstieg und verliert dabei alle Skrupel. Beispiele: Julien Sorel (STENDHAL: *Le Rouge et le Noir*), Rastignac (BALZAC: *Le père Goriot*)
- In der **femme incomprise** verbindet sich eine untadelige Moral mit Willensschwäche, woraus neben gesellschaftlichem Unverständnis auch individuelles Scheitern folgt. Beispiel: Mme de Rênal (STENDHAL: *Le Rouge et le Noir*)
- Bei der **femme fatale** stehen Sein und Schein im Widerspruch. Sie kalkuliert ihren persönlichen Vorteil und zieht andere Menschen ins Unglück. Beispiel: Mathilde de la Môle (STENDHAL: *Le Rouge et le Noir*)
- Die **femme victime** ist eine moralisch vorbildliche Protagonistin, die ohne eigene Schuld das Opfer einer Intrige oder eines Missverständnisses wird. Beispiele: Armance in STENDHALS gleichnamigem Roman und GEORGE SANDS *Lélia*.

2 Phantastische Erzählungen

Definitionen

PIERRE-GEORGES CASTEX definiert das Phantastische als das brutale Eindringen des Mysteriums in den Bereich des wirklichen Lebens (vgl. Castex [1951: 8]). In vergleichbarer Weise äußert sich auch ROGER CAILLOIS, der das Phantastische in der Literatur als einen Bruch mit der geltenden Ordnung, als Einbruch des Unzulässigen in die veränderliche Gesetzmäßigkeit des Alltäglichen definiert (vgl. Caillois [1965: 161]). TZVETAN TODOROV schließlich sieht das Phantastische als Schwebezustand zwischen einer rationalen Erklärung und der Akzeptanz des Wunderbaren. – In allen Fällen stehen realistische Erzählweisen nicht im Widerspruch zur phantastischen Literatur, sie sind vielmehr als unabdingbare Voraussetzung des Phantastischen zu sehen.

Ursprünge

In der französischen Aufklärung rehabilitiert JACQUES CAZOTTE (1719–92) mit seinem Roman *Le diable amoureux* (1772) das Irrationale, indem er Märchenelemente mit einer alltäglichen Liebesgeschichte verknüpft. – In der deutschen Tradition steht vor allem E.T.A. HOFFMANN (1776–1822) für die Einführung phantastischer Motive in die erzählende Literatur. CHARLES NODIER (1780–1844) und PROSPER MÉRIMÉE (1803–1870) berufen sich explizit auf seine Werke.

Stoffe/ Motive

- Ideale Landschaften
- Geistererscheinungen und Spukschlösser
- Alpträume und Delirien
- Teufelspakt
- Doppelgänger
- Erlösung von dem Bösen durch die Liebe

Formen	Im allgemeinen werden in Anlehnung an die Arbeiten von Pierre-Georges Castex drei Arten des Phantastischen unterschieden, die jeweils vom Ende der Erzählung her abgeleitet sind:

Objektivierung und natürliche Erklärung: Die detaillierte und präzise Schilderung scheinbar unerklärlicher Begebenheiten wird am Ende der Erzählung überraschend durch natürliche Zusammenhänge erläutert. Beispiel: Guy de Maupassants *Le Horlà* (Erste Fassung 1886).

Bewusstseinstrübung des Protagonisten: Scheinbar unnatürliche Ereignisse werden durch Träume, Tagträume, Schlafwandeln oder durch Drogeneinfluß erklärt und verschwinden, sobald der Protagonist wieder klar bei Verstand ist. Beispiel: Charles Nodiers *Smarra ou les démons de la nuit. Songes romantiques* (1821).

Unbezweifelbare höhere Wahrheit: Mysteriöse Begebenheiten werden im Kontrast zur konventionellen Erfahrungswelt der Protagonisten als unbezweifelbare Wahrheiten entwickelt, ohne dass sie auf natürliche Weise oder durch Bewusstseinstrübungen erklärt werden könnten. Beispiel: Prosper Mérimées *La Vénus d'Ille* (1837).

3 Dramatik

Bedeutung	Die wesentlichen literarischen Innovationen des Realismus fanden im Roman statt. Die dramatischen Formen blieben weitgehend der Tradition verhaftet: Die klassische Tragödie in Alexandrinern lebte bis zum Ende der Julimonarchie fort. Sofern von einem Drama des bürgerlichen Realismus überhaupt die Rede sein kann, muss von den Intrigen- und Sittenstücken ausgegangen werden, die von Emile Augier (1820–1889), Victorien Sardou (1831–1908) und Eugène Labiche (1815–1888) verfasst wurden. In der Gestaltung ihrer Dramen lehnen sich die Autoren zumeist an Denis Diderot und die Tradition des bürgerlichen Trauerspiels an, mit dem sie ein Gegengewicht zur klassischen Tragödie setzen wollen.
Formen	**Sittenkomödie:** Die Sittenkomödie stellt Verstöße gegen gesellschaftliche Verhaltensmuster und Konventionen dar, die in der Regel geahndet werden. Der affirmative Charakter dieser Werke führt nicht selten dazu, dass sie als trivial eingestuft werden.

Mélodrame: Unter Aufbietung eines teilweise erheblichen Aufwands stellt das *mélodrame* die Tugendhaftigkeit von Ausnahmehelden und den Sieg des Guten über das Böse dar. Sein Ziel besteht darin, die Zuschauer zu rühren und größtmögliche affektive Wirkungen zu erzielen.

Themen	■ Ehebruch
	■ Ehescheidungen
	■ Liebesheirat und Vernunftheirat
	■ Erbschaften
	■ Beruflicher Erfolg und sozialer Aufstieg

4 Lyrik

| Bedeutung | In der Epoche des bürgerlichen Realismus spielt die Lyrik nur eine untergeordnete Rolle. Sie steht weitgehend in der romantischen Tradition subjektiver Innerlichkeitsdarstellung und kann damit den Ansprüchen des Realismus, der den Zusammenhang von Individuum und Gesellschaft aufzeigen will, nicht entsprechen. |

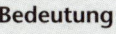 Autoren

1 Stendhal

| Zur Person | HENRI BEYLE (1783–1842) schrieb seine Werke unter mehr als 60 verschiedenen Pseudonymen. Nach kurzer militärischer Laufbahn unternahm er Reisen nach Deutschland und Italien, das er später als seine geistige Heimat bezeichnete. Er vertrat eine hedonistische Moral und kritisierte den Egoismus seiner Zeitgenossen. Nach anfänglicher Begeisterung für das Theater wandte er sich dem Roman zu. Vielen seiner Romane liegen authentische Begebenheiten zugrunde. Die Werke wurden zu Lebzeiten des Autors kaum rezipiert. |

Themen	■ Analyse des menschlichen Gefühlslebens
	■ Starke Charaktere und Tatmenschen
	■ Unzeitgemäßer Heroismus
	■ Heuchelei und Aufrichtigkeit
	■ Gesellschaftliche Tabus, wie z. B. Impotenz

| Zielgruppe | Stendhal widmet seine Romane den von ihm so bezeichneten *happy few.* Hinter der Vorstellung, dass nur wenige Menschen authentische Glückserfahrungen machen, steht ein offener Epikureismus. Er knüpft an aufklärerische Moraltheorien an, wenn er die ethischen Überzeugungen des Individuums über dessen sozialen Rang stellt. |

| Techniken | **Komplexität und Chronologie:** Stendhal überwindet durch die komplexe Konfliktstruktur seiner Romane die romantische Selbstanalyse der Protagonisten. – Durch die zeitliche Nähe von Ro- |

manintrige und Erzählzeit kann der Erzähler auf Rückblenden und erklärende Einschübe verzichten.

Perspektivwechsel: Als besonderes narratives Merkmal Stendhals gilt der häufige und abrupte Themen- und Perspektivwechsel. Dabei wechseln nicht nur auktoriale und personale Erzählhaltung einander ab, sondern es werden darüber hinaus einzelne fiktive Romanfiguren, nicht selten aber auch der Leser oder der Verleger direkt angesprochen. Die Intrige des Romans *La Chartreuse de Parme* wird in diesem Sinne sogar durchgängig sowohl aus der Perspektive des auktorialen Erzählers als auch aus der Sicht des Protagonisten entwickelt. – Unter stilistischem Aspekt verknüpft Stendhal eine präzise Analysesprache mit melodramatischen Effekten.

Widersprüche	Stendhals politische und ästhetische Einstellungen sind durch eine Reihe von Widersprüchen geprägt, die auch in seinen Romanen Niederschlag finden. Hierzu zählen:

- Flucht vor der Realität ➡️⬅️ Erkenntnisstreben nach dem Wesen der Gesellschaft
- Rationale Analytik ➡️⬅️ Bekenntnis zu Leidenschaften
- Bewunderung höfischen Lebens ➡️⬅️ Verachtung des *Ancien Régime*
- Republikanismus ➡️⬅️ Geringschätzung der Masse
- Negation von Alleinherrschaft ➡️⬅️ Bewunderung für Napoleon

Hauptwerke	*De l'amour* (1822), theoretische Abhandlung über die Formen der Liebe, die typologisch erfasst und geographisch verortet werden. Die vier Arten der Liebe *(amour physique, amour de vanité, amour goût* und *amour-passion)* werden später auf zwei reduziert *(amour-goût* und *amour-passion)*. Als einzig authentische Liebe gilt ihm die *amour-passion,* zu der nur wenige herausragende Gemüter fähig sind. Als typischer Vertreter der *amour de vanité* gilt Stendhal beispielsweise ein dreißigjähriger deutscher Aristokrat mit melancholischem Charakter. – Der *amour-passion* als einzig authentische Emotion entwickelt sich in sieben Phasen, die Stendhal in seinen Romanen rekonstruiert. Von zentraler Bedeutung ist dabei die sog. *cristallisation,* die Stendhal mit den Worten „c'est l'opération de l'esprit, qui tire de tout ce qui se présente la découverte que l'objet aimé a de nouvelles perfections." *(De l'amour,* II). Insbesondere in der dritten Phase spielt die Einbildungskraft des liebenden Subjekts eine bedeutende Rolle. In seinen Romanen hält sich Stendhal exakt an dieses Ablaufschema.

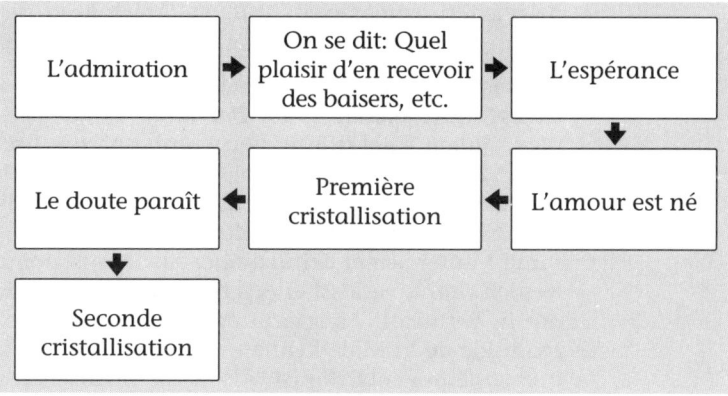

Zu Stendhals Theorie der Entstehung von Liebe

Racine et Shakespeare (1823), ästhetische Programmschrift, in der Stendhal mit dem Klassizismus abrechnet. Dem normativen Schönheitsideal des *beau absolu* stellt er seinen Kunstbegriff gegenüber, demzufolge nur die jeweils avancierteste Kunst dem gesellschaftlichen Entwicklungsstand entspricht und ästhetischen Wert beanspruchen kann.

Armance, ou quelques scènes d'un salon de Paris en 1827 (1827), Roman, der den Leidensweg und das Scheitern des jungen Außenseiters Octave de Malivert schildert. Trotz seiner Schönheit und seiner geistigen Gaben, die ihm eine herausragende soziale Stellung sichern könnten, verachtet er die Gesellschaft. Auf Wunsch seines Vaters willigt er in die Hochzeit mit seiner armen und tugendsamen Kusine Armance ein, die er allmählich zu lieben beginnt. Durch eine Reihe von Missverständnissen und durch Eifersucht steigert sich Octave, der an sich selbst zweifelt, in eine scheinbar ausweglose Verzweiflung hinein. Nach langem Hin und Her wird endlich die Heirat beschlossen. Kurz nach der Trauung zieht Octave jedoch in den Freiheitskampf der Griechen und nimmt fernab der Heimat Gift. Armance geht daraufhin in ein Kloster.

In Anlehnung an den Roman *Olivier ou le sécrèt* (1825) der Duchesse de Duras, thematisiert Stendhal in seinem Roman die psychologischen Auswirkungen männlicher Impotenz, ohne das eigentliche Thema selbst beim Namen zu nennen. Den zeitgenössischen Lesern, die diese Lücke problemlos füllen konnten, wird damit eine konkrete und plausible Erklärung für die Leiden des Individuums gegeben, die den unspezifischen Qualen romantischer Helden fremd ist. Octave vereint in seiner Person sexuelles Unvermögen mit moralischer Perfektion. Seine Verachtung gegenüber der Gesellschaft geht einerseits auf ein aristokratisches Überlegenheitsgefühl, andererseits auf die Ablehnung der herrschenden geistfremden Geldgier – insbesondere der Bourgeoisie – zurück.

Le Rouge et le Noir (1831), Desillusionierungsroman mit dem Untertitel *Chronique de 1830.* Der junge, mittellose, aber ambitionierte Julien Sorel träumt von Ruhm und gesellschaftlichem Ansehen. Seinem Vorbild Napoleon folgend, erklimmt er zielstrebig die Karriereleiter, die für ihn über Frauen führt: Als Hauslehrer im Hause Rênal in Verrières verführt er zunächst die provinziell-sittsame Mutter seiner Schützlinge. Als ihre Beziehung entdeckt zu werden droht, verlässt er das Haus und besucht das Priesterseminar in Besançon. Hier lernt er die selbstbewusste und raffinierte Mathilde de la Môle kennen, die Julien an Intellekt und Durchtriebenheit ebenbürtig ist. Als es zur Hochzeit kommen soll und Julien sich am Ziel seiner Wünsche glaubt, zerstört ein Brief Mme de Rênals an Monsieur de la Môle, der Julien als Heuchler und Betrüger beschreibt, seine Hoffnungen. Julien reist umgehend nach Verrières und schießt Mme de Rênal nieder. Zum Tode verurteilt, erfährt er erleichtert, dass sein Opfer nicht lebensgefährlich verletzt ist, kann aber nicht dazu bewegt werden, ein Gnadengesuch einzureichen. Gefasst sieht er dem Tod entgegen.

Der enigmatische Romantitel ist auf verschiedene Weise interpretiert worden: *Rouge* könnte für die Revolution, für Liebe, aber auch für Blut und Ehre stehen. *Noir* wurde demgegenüber als Zeichen für den Klerus, den Tod oder auch für Hoffnungslosigkeit gedeutet. Alle Interpretation erscheinen mit Blick auf den Roman plausibel. Stendhal durchstreift alle gesellschaftlichen Gruppen seiner Epoche: das provinzielle Großbürgertum, den Klerus im Priesterseminar und die Pariser Aristokratie. Der entschlossene Aufsteiger Julien Sorel sprengt die engen Grenzen der jeweiligen sozialen Gruppen durch seine Beziehungen zu ganz verschiedenartigen Frauen: Madame de Rênal verkörpert dabei die *amour-passion,* während Mathilde de la Môle die *amour de vanité* repräsentiert. Für Julien steht jedoch seine Karriere stets im Vordergrund. Er benutzt beide Frauen, ohne sie eigentlich zu lieben. Als Julien erkennt, dass sich sein Aufstiegswille und seine Leidenschaften nicht miteinander vermitteln lassen, kann er seine Identität nur noch im Tod bewahren.

Textbeispiel

Neuf heures trois quarts venaient de sonner à l'horloge du château, sans qu'il eût encore rien osé. Julien, indigné de sa lâcheté, se dit: Au moment précis où dix heures sonneront, j'exécuterai ce que, pendant toute la journée, je me suis promis de faire ce soir, ou je monterai chez moi me brûler la cervelle.

Après un dernier moment d'attente et d'anxiété, pendant lequel l'excès de l'émotion mettait Julien comme hors de lui, dix heures sonnèrent à l'horloge qui était au-dessus de sa tête. Chaque coup de cette cloche fatale retentissait dans sa poitrine, et y causait comme un mouvement physique.

Enfin, comme le dernier coup de dix heures retentissait encore, il étendit la main et prit celle de Mme de Rênal, qui la retira aussitôt. Julien, sans trop savoir ce qu'il faisait la saisit de nouveau. Quoique bien ému lui-même, il fut frappé de la froideur glaciale de la main qu'il prenait: il la serrait avec une force convulsive; on fit un dernier effort pour la lui ôter, mais enfin cette main lui resta.

aus: STENDHAL, „Le Rouge et le Noir", I, 9

Kommentar Stendhal beschreibt die Liebesszene mit einem Vokabular, das eher einem Kriegsbericht oder einer Jagdbeschreibung als einer affektiv-sentimentalen Situation angemessen ist: die Verben *oser, exécuter, brûler* sowie die Substantive *lâcheté, anxiété, froideur glaciale, force convulsive* und *effort* kennzeichnen ein Verhalten, das Liebe als Konkurrenz und rationales Kalkül missversteht. Stendhals Held versteht seine Beziehung zu Mme de Rênal als Pflicht und ist keiner authentischen Zuneigung oder Liebe fähig.

Hauptwerke *La Chartreuse de Parme* (1839), Roman. Der junge italienische Adlige Fabrice del Dongo schließt sich begeistert den napoleonischen Truppen in der Schlacht von Waterloo an. Nach der verlorenen Schlacht kehrt er nach Italien zurück und wird dort, trotz der Protektion einflussreicher Verwandter, aufgrund von politischen Intrigen verhaftet. Im Gefängnis verliebt er sich in Clélia Conti, die Tochter des Gefängnisdirektors. Er kann dem Zuchthaus entfliehen und wird Erzbischhof von Parma. Er begegnet auch Clélia wieder, muss jedoch mit ansehen, wie sie und ihr gemeinsames Kind sterben. Daraufhin zieht er sich in die Kartause von Parma zurück und stirbt ebenfalls nach kurzer Zeit.

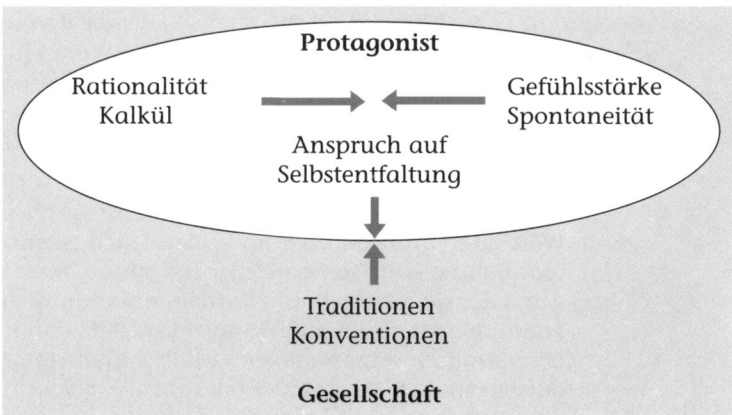

Konfliktlinien und Widersprüche in Stendhals Romanen

Chroniques italiennes (1829–39), Novellensammlung; *La vie de Henry Brulard* (1835), autobiographischer Roman; *Lamiel* (EA

1889), unvollendetes Romanfragment; *Lucien Leuwen* (EA 1894), Romanfragment.

2 Honoré de Balzac

Zur Person

HONORÉ DE BALZAC (1799–1850) wurde in Tours als Sohn eines Verwaltungsbeamten geboren, siedelte mit seiner Familie nach Paris über und studierte ab 1816 an der Sorbonne Rechtswissenschaften. Nach Studienende arbeitete er in einer Schreibwerkstatt und verfasste zwischen 1821 und 1824 bis zu zehn Kolportageromane pro Jahr. Er unterhielt Beziehungen zu der älteren Mme de Berny und zu Mme Hanska, die ihm wichtige Impulse für sein Werk vermittelten. Als der literarische Erfolg ausblieb, wurde Balzac zunächst Verleger, dann Druckereibesitzer und schließlich Besitzer einer Druckgießerei. In allen Fällen machte er jedoch bankrott. Seine anfängliche liberale Einstellung schlug 1832 in Legitimismus um. Von dieser Zeit an sprach er sich für die Monarchie und den Katholizismus aus.

Stoffe/ Motive

- Sozialer Aufstieg und moralischer Verfall
- Gesellschaftliches Scheitern und Illusionsverlust
- Kritik an der Herrschaft des Geldes
- Verwandlung aller Leidenschaften in Geldgier
- Kommerzialisierung von Liebe und Kunst
- Auflösung sozialer Institutionen, wie z. B. der Familie

Figuren

Milieutheorie: Balzac stellt Figuren aus allen gesellschaftlichen Milieus dar und bedient sich dabei der Technik der Typisierung (s. u.).– Im Unterschied zu STENDHAL, der die Romanhandlung aus den Charakteren entwickelt, geht Balzac vom Milieu aus. Der Lebensort seiner Protagonisten gilt ihm als Ausdruck ihrer inneren Einstellungen. Längere deskriptive Passagen sind deshalb unmittelbar auf die Einstellungen und die moralische Qualität der Protagonisten zurückzubeziehen.

Moral: Für Balzac stehen moralische Integrität und finanzieller Wohlstand grundsätzlich im Widerspruch zueinander: Seine Romanfiguren behalten entweder ihr gutes Gewissen und verelenden, oder sie bezahlen ihre Karriere mit moralischem Verfall. Die Romanhelden sind häufig junge Idealisten, die sich entweder mit der moralisch verkommenen Gesellschaft arrangieren und sozial aufsteigen (z. B. Rastignac) oder an der Schlechtigkeit der Welt scheitern (z. B. Louis Lambert).

Einflüsse

Saint-Simon: In den dreißiger Jahren setzte sich Balzac nachweislich mit saint-simonistischen Doktrinen auseinander, die u. a. in seine Romane *Le médecin de campagne* (1833) und *Le curé*

de village (1841) einflossen: Zu nennen sind der Wunsch nach politischer Autorität, das Konzept des *homme de génie* sowie die volkspädagogische Instrumentalisierung von Kunst und Literatur. Das fiktive Dorf Voreppe, der Schauplatz des *Médecin de campagne*, darf als prototypisches Modell einer saint-simonistischen Gesellschaft gelten, in der dessen theoretische Vorgaben umfassend realisiert sind (s. S. 41f.).

Wissenschaft: Balzac versuchte, mit Hilfe seiner Erzähltechnik wissenschaftliche Kategorien und Erfahrungsweisen – insbesondere solche der Biologie – auf Literatur zu übertragen. Er greift in seinen Darstellungen auf biologische Erklärungsmuster zurück, um menschliches Verhalten zu erläutern. Seine Vorbilder sind insbesondere GEORGES CUVIER (1769–1832), der auf der Grundlage nur eines Knochens ein ganzes Skelett rekonstruierte, und GEOFFROY SAINT-HILAIRE (1772–1844), der die Einheitlichkeit der natürlichen Ordnung *(unité de composition)* zum Leitprinzip seiner Forschungen erhob.

Mystizismus: Balzac interessierte sich sehr für Telepathie und Magnetismus. Er war ein begeisterter Anhänger des Mystizismus SWEDENBORGS, von dem besonders sein Roman *Séraphita* (1834/35) geprägt ist. Darüber hinaus ist er der Überzeugung, dass jedem Menschen eine bestimmte Menge Lebensenergie zur Verfügung steht, die er rasch verbrauchen, aber auch aufsparen kann, wodurch sich seine Lebensspanne verlängert.

Zyklenroman

Balzac fasste seine Romane nachträglich unter dem Titel *La comédie humaine* zusammen, worin eine Reminiszens an DANTES *Divina comedia* zu sehen ist. Er versucht die umfassende Darstellung und zugleich die Anklage der menschlichen Gesellschaft, ohne metaphysische Bezüge. Die *Comédie humaine* ist auf 137 Einzelwerke konzipiert, von denen 91 geschrieben wurden. In den verschiedenen Milieus sind alle sozialen Schichten der Restauration und der Julimonarchie repräsentiert. Um der unüberschaubaren Vielfalt unterschiedlicher Charaktere Herr zu werden, bedient sich Balzac der Typisierung, durch die markante Merkmale verschiedener Personen auf eine Figur konzentriert werden. Die Romanorte sind Paris, die Bretagne und die Normandie, das Loiretal und Anjou. Die Einzelwerke sind in drei Gruppen geordnet, von denen die erste sich nochmals in sechs Untergruppen gliedert:

1. **Etude des mœurs**
   a) **Scènes de la vie privée**
   La femme de trente ans (1831–34); *Le père Goriot* (1834/35); *Le colonel Chabert* (1832); u. a.
   b) **Scènes de la vie de Province**
   Eugénie Grandet (1833); *L'illustre Gaudissart* (1833); *Les illusions perdues* (1837); u.a.
   c) **Scènes de la vie parisienne**
   La fille aux yeux d'or (1834/35); *Histoire de la grandeur et de la décadence de César Birotteau* (1837); *Splendeurs et misères des courtisanes* (1838–47); *La cousine Bette* (1846); u. a.
   d) **Scènes de la vie politique**
   Une ténébreuse affaire (1841); *Le député d'Arcis* (1847); u.a.
   e) **Scènes de la vie militaire**
   Les Chouans (1829); u. a.
   f) **Scènes de la vie de campagne**
   Les paysans (1844); *Le médecin de campagne* (1833); *Le curé de village* (1839); *Le lys dans la vallée* (1835); u. a.

2. **Etudes philosophiques**
   La peau de chagrin (1831); *La recherche de l'absolu* (1834); *Le chef-d'œuvre inconnu* (1831); *Louis Lambert* (1831/32); *Séraphita* (1834/35); u. a.

3. **Etudes analytiques**
   La physiologie du mariage (1829); *Petites misères de la vie conjugale* (1830, 1840, 1845).

Aufbau und Gliederung der Comédie humaine Balzacs

Techniken

Um seine ehrgeizigen Pläne zu realisieren, entwickelte Balzac eine Reihe innovativer literarischer Techniken, an denen sich auch spätere Autoren orientierten:

Typisierung: Nach Balzac ist das Individuum des 19. Jahrhunderts aus seinen alten ständischen Bindungen entlassen, woraus sich eine unüberschaubare Vielzahl von Charakteren ergibt. Im Vorwort zum Roman *Une fille d'Eve* heißt es: „[...] aujourd'hui l'individu ne tient sa physiognomie que de lui-même ... le champ social est à tous." Um die Vielzahl unterschiedlicher Charaktere narrativ zu bewältigen, wählt Balzac einzelne Merkmale verschiedener realer Menschen aus und kombiniert sie neu zu einer fiktiven Figur. – Als Beispiele sind zu nennen: die *femme sans cœur,* der *viveur* und der *idéaliste.*

Wiederkehrfiguren: Um den Zusammenhang und die wechselseitigen Verflechtungen der verschiedenen gesellschaftlichen Gruppen darstellen zu können, musste Balzac die einzelnen in sich jeweils abgeschlossenen Romane miteinander verklammern. Er tat dies, indem er verschiedene Protagonisten in mehreren Romanen auftreten lässt. In den 75 Romanen der *Comédie humaine* treten rund 2500 Personen auf, von denen ca. 460 mehrmals auftauchen. Ihre Biographien können im Zusammenhang mehrerer Werke rekonstruiert werden und zeigen so die Wechselbezüge verschiedener gesellschaftlicher Gruppen auf.

Figurenperspektivismus: Die Zusammenhänge der Intrige und das Wechselspiel der Interessen unter den Protagonisten balzacscher Romane werden nur selten auktorial enthüllt, sondern zumeist durch den Fortgang der Handlung fiktionsintern und aus der Perspektive der Figuren entwickelt. Die Figurenkonstellation der *Comédie humaine* wird mittels Rückblenden und Einschüben transparent gemacht, wodurch sich die Narration der lebensweltlichen Erfahrung annähert und den realistischen Eindruck verstärkt.

Desillusionierung: Balzacs junge Romanhelden beginnen ihre Karriere zumeist als Idealisten und werden in ihren Vorstellungen zunehmend demoralisiert und aus der Bahn geworfen. Ihr Erfahrungsprozess wird vom Leser nachvollzogen. Aus der Differenz von Anspruch und Wirklichkeit werden die gesellschaftlichen Werte fragwürdig und der Leser in seinen Einstellungen erschüttert. Die Desillusionierung ist Ausdruck für Balzacs Pessimismus.

Details und Beschreibungen: Das erzählerische Detail ist für Balzac Bindeglied zwischen partikularem Romangeschehen und allgemeiner Gesellschaftsdarstellung, d.h. es ist stets einer prästabilierten Sinnstruktur untergeordnet. Es bestimmt das menschliche Handeln und trägt zur Typisierung bei. Darüber hinaus steigert es den Wirklichkeitsbezug des fiktiven Geschehens. – Balzacs abundante Beschreibungen von Häusern, Gärten und Wohnungen gehen auf seine Überzeugung zurück, dass das Milieu den Charakter des Menschen ebenso beeinflusst, wie der einzelne Mensch seinem jeweiligen Charakter entsprechend seine nächste Umgebung gestaltet. Die Beschreibungen dienen somit letztlich der Charakterisierung der Protagonisten.

Parallelisierung: Zur Verdeutlichung menschlicher Handlungsweisen stellt Balzac in zahlreichen Werken zwei unterschiedliche Protagonisten in vergleichbare Handlungskontexte und kontrastiert ihre abweichenden Verhaltensweisen. Besonders deutlich kommt diese Technik in den Romanen *Le père Goriot* und *Les illusions perdues* zum Ausdruck.

Avant-propos

In seinem *Avant-propos à la Comédie humaine*, den Balzac seinem Romanwerk im Jahre 1842 nachträglich voranstellte, entwickelt er eine Ästhetik, die sich in hohem Maß an den naturwissenschaftlichen Erkenntnismethoden seiner Zeit orientiert. Mit dem Ziel, die bislang vergessene *histoire des mœurs* zu verfassen, setzt er *humanité* und *animalité* gleich, skizziert sein „wissenschaftliches" Engagement und rechtfertigt schließlich die literarische Darstellung von Amoralität.

L'humanité und l'animalité: Um gesellschaftliche Totalität darstellen zu können, bedarf es allgemeiner Beschreibungskategorien. In der Annahme, dass die Welt nach einem einheitlichen Schema organisiert ist *(unité de composition)*, greift Balzac auf BUFFONS Begriff der *espèces zoologiques* zurück und stellt ihm den Terminus *espèces sociales* zur Seite. Dabei stellt sich das Problem, dass die sozialen Grenzen im Unterschied zu den Artenschranken in der Tierwelt permanent überschritten werden. Balzac erklärt diese soziale Mobilität durch den Zufall und macht sie zum zentralen Thema seiner Romane („Le hasard est le plus grand romancier du monde.") – Fiktionsintern wird der Zufall eingesetzt, um Kausalität zu verkürzen.

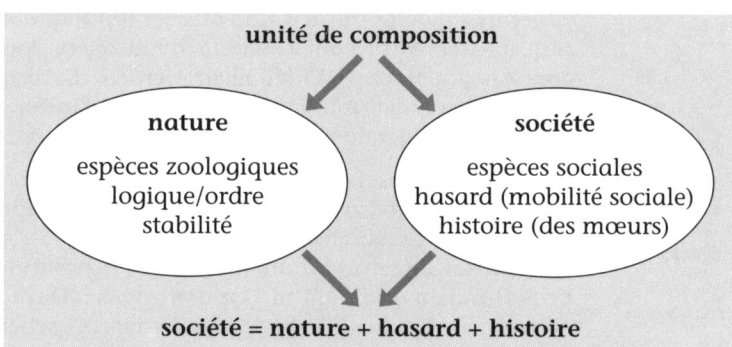

unité de composition

nature
espèces zoologiques
logique/ordre
stabilité

société
espèces sociales
hasard (mobilité sociale)
histoire (des mœurs)

société = nature + hasard + histoire

Strukturmodell des balzacschen Gesellschaftsbegriffs

Wissenschaftlichkeit und Engagement: Balzac beschreibt die Tätigkeit des Autors sowohl als objektive Tatsachenfeststellung als auch als politisches Engagement und als ästhetische Schöpfung. Er versucht damit, Wissenschaft, Moral und Kunst zu verbinden, was nicht ohne Widersprüche bleibt.

Wissenschaft	Politik/Moral	Kunst
– secrétaire de l'histoire – archéologue du bien et du mal	– instituteur des hommes – écrire pour la religion et la monarchie	– règle éternelle du beau – roman tend vers le beau idéal

Balzacs Funktionsbestimmung der Literatur

Die Aufgaben des Historikers widersprechen der Forderung, einem überzeitlichen Schönheitsideal zu folgen. Darüber hinaus kann die Objektivität des Archäologen nicht mit der Parteilichkeit des Monarchisten verknüpft werden.

Literarische Amoralität: Balzac rechtfertigt die Darstellung moralisch negativer Gestalten in der *Comédie humaine* mit drei Argumenten:

- Er verweist auf die empirische Wirklichkeit,
- weist auf die dichterische Gerechtigkeit hin, derzufolge das Böse bestraft wird, und
- bezieht sich auf den ästhetischen Reiz der Unmoral.

Wider-sprüche

Balzacs Erzähltechnik weist eine Reihe von Widersprüchen auf, die in der Forschung bis heute diskutiert werden. Hierzu zählen:

- Wissenschaftlicher Anspruch ➡ ⬅ Verwendung von Techniken des Schauer- und des Kolportageromans
- Rationalität und Objektivitätsstreben ➡ ⬅ Üppige Metaphorik
- Anspruch auf ganzheitliche Darstellung ➡ ⬅ Detailfülle

Hauptwerke

La peau de chagrin (1831), phantastisch-märchenhafter Roman um ein mit einem Stück gegerbter Eselshaut versehenes Amulett, das seinem Besitzer alle Wünsche erfüllt. Bei jedem Wunsch wird es dabei kleiner, und sein völliges Verschwinden bedeutet für den Träger den Tod. In einer tiefen persönlichen Krise erwirbt der begabte Künstler Raphael den Talisman, erbt prompt ein Vermögen und die Gunst der schönen Pauline. Raphael kann sein Wunschdenken jedoch nicht im Zaum halten, verbraucht die Kraft des Chagrinleders und muss schließlich sterben.

Balzac verbindet in diesem Roman, der sein erster großer Publikumserfolg wurde, Elemente des Phantastischen mit einer realistischen Erzählweise. Zugleich illustriert er seine Auffassung der „Lebensenergie", die ein Mensch rasch verbrauchen, mit der er aber auch sparsam umgehen kann: Je intensiver und lustbetonter ein Mensch lebt, desto kürzer wird seine Lebensspanne.

Le père Goriot (1834), Roman. Der junge Provinzadlige Eugène de Rastignac kommt nach Paris und wohnt in der Pension Vauquer, deren Bewohner ein Abbild der Pariser Gesellschaft bilden. Hier begegnet er einer großen Zahl unterschiedlicher Menschen, die bestimmte Verhaltensmuster repräsentieren. Darunter z. B. dem verarmten Nudelfabrikanten Goriot, der sich ruiniert hat, um seinen abgöttisch geliebten Töchtern den Aufstieg in die große Gesellschaft zu finanzieren, dessen Töchtern Anastasie de Restaud und Delphine de Nucingen, die ihren Vater rücksichtslos ausnehmen und dem diabolischen Vautrin, einem polizeilich gesuchten Sträfling, der über große Teile der Pariser Unterwelt befiehlt. Durch seine Bekanntschaften bekommt Rastignac – und mit ihm der Leser – Einblicke in verschiedene soziale Gruppen und steht vor der Wahl, welches der angebotenen Verhaltensmodelle er sich zu eigen machen will. Als Vautrin durch einen Verrat verhaftet wird und Goriot unter jämmerlichen Bedingungen einsam stirbt, entschließt er sich, den Weg Anastasies und Delphines zu gehen und gesellschaftlich voranzukommen.

Textbeispiel

Le rez-de-chaussée se compose d'une première pièce éclairée par les deux croisées de la rue, et où l'on entre par une porte-fenêtre. Ce salon communique à une salle à manger qui est séparée de la cuisine par la cage d'un escalier dont les marches sont en bois [...]. Rien n'est plus triste à voir que ce salon meublé de fauteuils et de chaises en étoffe de crin à raies alternativement mates et luisantes. Au milieu se trouve une table ronde à dessus de marbre Saint-Anne, décorée de ce cabaret en porcelaine blanche ornée de filets d'or effacés à demi, que l'on rencontre partout aujourd'hui. Cette pièce, assez mal planchéiée, est lambrissée à hauteur d'appui. Le surplus des parois est tendu d'un papier verni représentant les principales scènes de Télémaque, et dont les classiques personnages sont coloriés. Le panneau d'entre les croisées grillagées offre aux pensionnaires le tableau du festin donné au fils d'Ulysse par Calypso. Depuis quarante ans cette peinture excite les plaisanteries des jeunes pensionnaires, qui se croient supérieurs à leur position en se moquant du dîner auquel la misère les condamne. La cheminée en pierre, dont le foyer toujours propre atteste qu'il ne s'y fait de feu que dans les grandes occasions, est ornée de deux vases pleins de fleurs artificielles, vieillies et encagées, qui accompagnent une pendule en marbre bleuâtre du plus mauvais goût. Cette première pièce exhale une odeur sans nom dans la langue, et qu'il faudrait appeler l'odeur de pension. Elle sent le renfermé, le moisi, le rance; elle donne froid, elle est humide au nez, elle pénètre les vêtements; elle a le goût d'une salle où l'on a dîné; elle pue le service, l'office, l'hospice. [...]

Eh! bien, malgré ces plates horreurs, si vous le compariez à la salle à manger, qui lui est contiguë, vous trouveriez ce salon élégant et parfumé comme doit l'être un boudoir. Cette salle, entièrement boisée, fut jadis peinte en une couleur indistincte aujourd'hui, qui forme un fond sur lequel la crasse a imprimé ses couches de manière à y dessiner des figures bizarres. Elle est plaquée de buffets gluants sur lesquels sont des carafes échancrées, ternies, des ronds de moiré métallique, des piles d'assiettes en porcelaine épaisse, à bords bleus, fabriquées à Tournai. Dans un angle est placée une boîte à cases numérotées qui sert à garder les serviettes, ou tachées ou vineuses, de chaque pensionnaire. Il s'y rencontre de ces meubles indestructibles, proscrits partout, mais placés là comme le sont les débris de la civilisation aux Incurables. Vous y verriez un baromètre à capucin qui sort quand il pleut, des gravures exécrables qui ôtent l'appétit, toutes encadrées en bois noir verni à filets dorés; un cartel en écaille incrustée de cuivre; un poêle vert, des quinquets d'Argand où la poussière se combine avec l'huile, une longue table couverte en toile cirée

assez grasse pour qu'un facétieux externe y écrive son nom en se servant de son doigt comme de style, des chaises estropiées, de petits paillassons piteux en sparterie qui se déroule toujours sans se perdre jamais, puis des chaufferettes misérables à trous cassés, à charnières défaites, dont le bois se carbonise. Pour expliquer combien ce mobilier est vieux, crevassé, pourri, tremblant, rongé, manchot, borgne, invalide, expirant, il faudrait en faire une description qui retarderait trop l'intérêt de cette histoire, et que les gens pressés ne pardonneraient pas. Le carreau rouge est plein de vallées produites par le frottement ou par les mises en couleur. Enfin, là règne la misère sans poésie; une misère économe, concentrée, râpée. Si elle n'a pas de fange encore, elle a des taches; si elle n'a ni trous ni haillons, elle va tomber en pourriture.
aus: BALZAC, „Le Père Goriot"

Kommentar

Getreu dem narrativen Grundsatz Balzacs, dass die Umgebung, in der Menschen leben, etwas über ihren Charakter aussagt, beschreibt der Erzähler die Pension Vauquer im Rahmen des Leitmotivs „Verfall". Neben Spuren vergangener Eleganz *(salon élégant, porcelaine blanche ornée de filets d'or effacées à demi)* finden sich überall Zeichen bitterer Not *(chaufferettes misérables à trous cassés, misère économe, concentrée, râpée)*. Besonderen Wert legt der Erzähler auf die offensichtlichen Anstrengungen der Bewohner, dem Verfall entgegenzuwirken, und verdeutlicht zugleich, dass ihr Handeln vergeblich ist *(foyer toujours propre, fleurs artificielles, vieillies et encagées)*. Er kommentiert seine Beschreibungen direkt *(ces plates horreurs, misère sans poésie)* und durchbricht die erzählerische Illusion, indem er den Erzählvorgang als solchen bewusst macht *(il faudrait en faire une description qui retarderait trop l'intérêt de cette histoire, et que les gens pressés ne pardonneraient pas)*. Die Darstellung des Handlungsraums ist an dieser Stelle keineswegs Selbstzweck, sondern bereits auf die Protagonisten bezogen. Mit diesen narrativen Techniken schafft Balzac ein ganzheitlich-zusammenhängendes Stimmungsbild und zugleich die Voraussetzungen, um anschließend die Bewohner der Pension vorstellen zu können.

Hauptwerke

Les illusions perdues (1837), Roman. Der jugendliche Dichter Lucien de Rubempré kommt aus der Provinz nach Paris, um sich dort einen Namen zu machen. Durch seine einfältig-naive Art macht er sich in den Salons der Hauptstadt rasch lächerlich und scheitert auch in seinen Beziehungen zu verschiedenen Frauen. Völlig verarmt schließt sich Lucien einer Gruppe idealistischer Dichter an und bekommt den Auftrag, eine journalistische Theaterkritik zu schreiben, die ihn über Nacht berühmt macht und ihm die Liebe der schönen Schauspielerin Coralie einbringt. Rasch gewinnt Lucien Gefallen am ausschweifenden Pariser Leben und wird zusehends von Verlegern und anderen Journalisten korrumpiert.

Seine Kritiken sind gelenkt und politisch motiviert. Immer mehr wird er zum Spielball mächtiger Interessengruppen. Aus Geltungssucht und Geldgier verrät Lucien seine alten Dichterfreunde und ruiniert seine Familie in der Provinz. Als die Situation vollkommen hoffnungslos erscheint und Lucien sich das Leben nehmen will, begegnet er dem Schwerverbrecher Vautrin, der ihm eine glänzende Zukunft verheißt, und schließt sich ihm an.

Cromwell (1819/20), Tragödie; *Les contes drôlatiques* (1837), Erzählungen; *Sténie ou les erreurs philosophiques* (posthum 1936), philosophischer Roman.

3 Gustave Flaubert

Zur Person

GUSTAVE FLAUBERT (1821–1880) wurde in Rouen (Normandie) als Sohn eines Chirurgen geboren und verlebte seine Kindheit in der Umgebung von Krankenhäusern. Nach dem Abitur studierte er zunächst Jura in Paris, musste jedoch sein Studium wegen einer Nervenkrankheit abbrechen. Ab 1846 lebte er zurückgezogen auf einem Gut in Croisset bei Rouen und unterwarf sein Leben aus medizinischen Gründen einem strengen Zeitplan. 1849 unterbrach er kurzzeitig sein zurückgezogenes Leben und trat eine große Orientreise an, die ihn u. a. nach Ägypten, Griechenland und Italien führte. – Seine Werke entstanden in langwieriger zurückgezogener Atelierarbeit und wurden vor der Veröffentlichung mit befreundeten Schriftstellern, wie z. B. MAXIME DU CAMP (1822–1894) und LOUIS BOUILHET (1822–1869) diskutiert.

Themen

- Monotonie bürgerlicher Existenz
- Macht des Geldes
- Widerspruch von menschlichen Wünschen und Wirklichkeit
- Unerfüllte Liebe
- Menschliche Schwäche

Ästhetik

Flauberts Ästhetik beruht auf dem scharfen Gegensatz von Kunst und Gesellschaft. Der Banalität und Unzulänglichkeit bürgerlicher Existenz wird die Kunst als eine Sphäre der Reinheit und Authentizität gegenübergestellt. Indem sie sich mit der alltäglichen Lebenswelt auseinandersetzt, ist sie das einzige Mittel, sich der Verzweiflung zu entziehen. In seinen ästhetischen Selbstaussagen bezieht sich Flaubert auf die idealistische Philosophie PLATONS und die Ästhetik VICTOR COUSINS (1792–1867), derzufolge jede Idee einer Form bedarf und jede Form eine Idee ausdrückt.

Realismus

Impartialité: Mit seinem Verzicht auf den seit der Romantik vorherrschenden Ich-Erzähler verabschiedet sich Flaubert von der romantischen Selbstdarstellung. Seiner Auffassung nach wählt der

Autor seine Themen nicht selbst aus, sondern sie drängen sich ihm auf. In Flauberts Romanen tritt der Erzähler weitgehend hinter eine unpersönliche Darstellung zurück. Er darf weder bewerten noch Schlussfolgerungen ziehen oder gar kommentieren *(impartialité)*. Flaubert vergleicht das Verhältnis von Autor und Roman mit „Dieu dans l'univers, présent partout et visible nulle part ..." (Brief vom 9.12.1852)

Details: Flauberts erzählerischer Realismus lebt aus einer großen Freude zum Detail. Dabei werden die Einzelheiten so miteinander verknüpft, dass der Leser scheinbar seine eigenen Schlüsse über die beschriebenen Figuren oder Gegenstände zieht. – Bemerkenswerterweise hat es Flaubert strikt abgelehnt, seine Romane dem *réalisme* zuzuordnen.

Pessimismus: Die Romane Flauberts zeugen von starkem Weltschmerz und Todessehnsucht. Die Protagonisten scheitern an den gesellschaftlichen Umständen bzw. an ihren eigenen hochgesteckten Zielen. Glück bleibt ihnen stets verwehrt. – Flaubert geht davon aus, dass die von ihm verachtete bürgerliche Gesellschaft nicht verbessert, sondern allenfalls literarisch dargestellt werden kann.

Techniken

Flaubert stellt den Stil seiner erzählerischen Werke über deren Inhalt. In einem Brief an Louise Colet aus dem Jahre 1852 schreibt er: „Ce qui me semble beau, ce que je voudrais faire, c'est un livre sur rien, un livre sans attache extérieure, qui se tiendrait de lui-même par la force interne de son style, comme la terre sans être soutenue se tient en l'air, un livre qui n'aurait presque pas de sujet ou du moins où le sujet serait presque invisible, si cela se peut."
Der Formprimat bedingt eine ganze Reihe literarischer Techniken, die seine Romane prägen. Zu den wichtigsten zählen:

Objektive Beschreibung: Flaubert schildert seine Gegenstände und Personen von außen. Er verzichtet nahezu vollständig auf Bewertungen und Erzählkommentare und wählt die neutrale Erzählsituation der dritten Person. Der Eindruck einer Innenperspektive bei der Darstellung von Romanfiguren ist das Resultat einer subtilen Leserlenkung. Auf Monologe wird weitgehend verzichtet.

Asyndetischer Bau: Ein beliebtes Stilmittel Flauberts ist die Reihung gleichgeordneter Wörter, Satzteile oder Sätze ohne verbindende Konjunktionen (und o. ä.). Hierdurch können verschiedene Wirkungen erzielt werden: Es kann der Ausdruck von Hast und Überstürzung ebenso vermittelt werden wie die innere Spannung subjektiven Erlebens. Beispiel: „On hurlait, on aboyait, on trépignait, on répétait: Charbovari! Charbovari!" (FLAUBERT: *Madame Bovary,* I, 1).

Erlebte Rede: Flaubert gilt als Erfinder des *discours indirect libre*. Hierbei handelt es sich um eine besondere Form der Wiedergabe von Gedanken oder ausgesprochenen Worten, die zwischen der direkten Rede und der indirekten Rede im Konjunktiv steht. Der Erzähler verknüpft die 3. Person mit dem Indikativ und kann so die Wiedergabe individueller Erfahrungen objektivieren. – Flaubert strebt nicht danach, Gegenstände oder Ereignisse darzustellen, sondern die Sicht einer Person auf diese Sachverhalte mitzuteilen, wobei ihm diese Technik gute Dienste leistet.

Leitmotive: Mit Hilfe von leicht variierten Motiven und Erzählsequenzen, die im Verlauf einer Romanhandlung wiederholt werden, stellt Flaubert Veränderungen seiner Protagonisten dar, ohne auf eine auktoriale Innenperspektive zurückgreifen zu müssen. In *Madame Bovary* z. B. blickt die Titelheldin an zentralen Stellen immer wieder in den Spiegel, um ihre Frustration, ihre scheinbare Blüte und schließlich ihren Verfall für den Leser anschaulich werden zu lassen.

Synchrone Parallelhandlungen: Zwei Ereignisabläufe, die nichts miteinander zu tun haben, werden synchron entwickelt und kommentieren sich wechselseitig.

Blancs: Die Ereignisse in den Romanen Flauberts sind nur selten kausal miteinander verknüpft. Vielfach lässt der Erzähler nebensächliche und weniger bedeutende Handlungen aus (blanc = Leerstelle), die der Rezipient selbst ergänzen muss. Mit Hilfe dieser Sprungtechnik entzieht er sich dem narrativen Zwang, Zusammenhänge herzustellen und kann – entsprechend der Forderung nach *impartialité* – Zurückhaltung üben. Darüber hinaus kursiviert Flaubert oft Zitate und gruppenspezifische Redewendungen, um sich als Erzähler zusätzlich weiter zurückzunehmen.

Tempusverwendung: Gegen die grammatische Zeitenfolge verfolgt Flaubert mit seiner freien Handhabung insbesondere des Imperfekts und des *passé composé* das Ziel, subjektive Stimmungen narrativ zu verstärken. Bei der Darstellung von Menschen verwendet er zumeist das Zustands-Tempus Imperfekt, während Gegenstände im „aktiven" Perfekt geschildert werden. – MARCEL PROUST würdigte Flaubert als einen Autor, der meisterhaft den Eindruck der verrinnenden Zeit zu vermitteln verstand.

Triadische Adjektivkonstruktionen: Um die größtmögliche Ausdrucksstärke zu erreichen, greift Flaubert häufig zu dreigliedrigen Adjektivkombinationen, die der objektivierten Darstellung größere Anschaulichkeit verleihen sollen. Die Figur Guillemin wird beispielsweise mit den Worten eingeführt: „Son petit œil sans sourcils et à cils rouges, comme ceux d'un lapin blanc, clignotait vivement, rempli d'ironie, de sottise ou de concupiscence."

Figuren	Die Protagonisten der Romane Flauberts sind zumeist alltägliche Durchschnittsmenschen, die Selbsttäuschungen erliegen oder aus mangelnder Entschlusskraft und Passivität scheitern. Sie stehen durchweg in einem Spannungsverhältnis zur Gesellschaft und sind zumeist in sich selbst gespalten. Aufgrund ihres unpolitischen Charakters werden sie zu einem Politikum. Die Menschen und die Gegenstände ihrer Umwelt entsprechen sich hier nicht mehr – wie noch bei BALZAC – der letzteren stets einen Hinweischarakter auf die zentralen Protagonisten beimaß. Dennoch sind Flauberts Charaktere ausgeprägt epochentypisch.

Hauptwerke

Madame Bovary (1856), auf der authentischen Grundlage von Zeitungsberichten zur sog. Affäre Delamare verfasste Flaubert in fünfjähriger Arbeit seinen Roman zum Thema Selbstillusion und unerfüllte Liebe: Die junge Emma Bovary träumt von der großen Liebe und vom Glanz gesellschaftlichen Lebens, die sie nur aus Romanen und Zeitschriften kennt. Sie heiratet den Provinzarzt Charles Bovary und vergleicht die Monotonie ihres Provinzlebens mit den hochfliegenden Träumen. Das Blatt scheint sich zu wenden, als sie auf einen Ball eingeladen werden. Nach anfänglichen Hoffnungen fällt sie jedoch um so tiefer in die Eintönigkeit ihres Lebens zurück. Schließlich sucht Emma Zuflucht in Affären mit dem Schürzenjäger Rodolphe und mit Léon. Im Verlauf der Liebesbeziehungen gewinnt Emma Einsicht in die Banalität ihres bisherigen Lebens, dem sie durch einen aufwendigen Lebensstil zu entkommen sucht. Nach der Trennung von ihren Liebhabern ist die Familie Bovary finanziell ruiniert. Obwohl ihr Mann ihr verzeiht, nimmt sich Emma mit Gift das Leben.

Trotz und wegen seines großen Publikumserfolgs wurde dem Roman ein Prozess wegen Gefährdung der Moral gemacht, an dessen Ende der Autor freigesprochen wurde. Über die Kritik an der bürgerlichen Gesellschaft hinaus ist der Roman eine scharfe Anklage gegen die Romantik, deren Werke den zeitgenössischen Rezipienten – hier die Protagonistin selbst – falsche Ideale vermitteln, die sie schließlich an der Wirklichkeit scheitern lassen.

Textbeispiel

Elle roulait sa tête avec un geste doux, plein d'angoisse, et tout en ouvrant continuellement les mâchoires, comme si elle eût porté sur sa langue quelque chose de très lourd. A huit heures, les vomissements reparurent.
Charles observa qu'il y avait au fond de la cuvette une sorte de gravier blanc, attaché aux parois de la porcelaine.
– C'est extraordinaire! c'est singulier! répéta-t-il.
Mais elle dit d'une voix forte: –
Non, tu te trompes!
Alors, délicatement et presque en la caressant, il lui passa la main sur l'estomac. Elle jeta un cri aigu. Il se recula tout effrayé.

*Puis elle se mit à geindre, faiblement d'abord. Un grand frisson lui se-
couait les épaules, et elle devenait plus pâle que le drap où s'enfonçaient
ses doigts crispés. Son pouls, inégal, était presque insensible maintenant.
Des gouttes suintaient sur sa figure bleuâtre, qui semblait comme figée
dans l'exhalaison d'une vapeur métallique. Ses dents claquaient, ses yeux
agrandis regardaient vaguement autour d'elle, et à toutes les questions
elle ne répondait qu'en hochant la tête; même elle sourit deux ou trois
fois. Peu à peu, ses gémissements furent plus forts. Un hurlement sourd
lui échappa; elle prétendit qu'elle allait mieux et qu'elle se lèverait tout à
l'heure. Mais les convulsions la saisirent; elle s'écria:
– Ah! c'est atroce, mon Dieu!
[...]
Elle ne tarda pas à vomir du sang. Ses lèvres se serrèrent davantage. Elle
avait les membres crispés, le corps couvert de taches brunes, et son pouls
glissait sous les doigts comme un fil tendu, comme une corde de harpe
près de se rompre.
Puis elle se mettait à crier, horriblement. Elle maudissait le poison, l'in-
vectivait, le suppliait de se hâter, et repoussait de ses bras raidis tout ce
que Charles, plus agonisant qu'elle, s'efforçait de lui faire boire. Il était
debout, son mouchoir sur les lèvres, râlant, pleurant, suffoqué par des
sanglots qui le secouaient jusqu'aux talons; Félicité courait çà et là dans
la chambre; Homais, immobile, poussait de gros soupirs, et M. Canivet,
gardant toujours son aplomb, commençait néanmoins à se sentir
troublé.
[...]
Sa poitrine se mit aussitôt à haleter rapidement. La langue tout entière
lui sortit hors de la bouche; ses yeux, en roulant, pâlissaient comme deux
globes de lampe qui s'éteignent, à la croire déjà morte, sans l'effrayante
accélération de ses côtes, secouées par un souffle furieux, comme si l'âme
eût fait des bonds pour se détacher. Félicité s'agenouilla devant le cruci-
fix, et le pharmacien lui-même fléchit un peu les jarrets, tandis que M. Canivet regardait vaguement sur la place. Bournisien s'était remis en priè-
re, la figure inclinée contre le bord de la couche, avec sa longue soutane
noire qui traînait derrière lui dans l'appartement. Charles était de l'autre
côté, à genoux, les bras étendus vers Emma. Il avait pris ses mains et il
les serrait, tressaillant à chaque battement de son cœur, comme au con-
tre-coup d'une ruine qui tombe. A mesure que le râle devenait plus fort,
l'ecclésiastique précipitait ses oraisons: elles se mêlaient aux sanglots
étouffés de Bovary, et quelquefois tout semblait disparaître dans le sourd
murmure des syllabes latines, qui tintaient comme un glas de cloche.
Tout à coup, on entendit sur le trottoir un bruit de gros sabots, avec le
frôlement d'un bâton; et une voix s'éleva, une voix rauque, qui chantait:*

*Souvent la chaleur d'un beau jour
Fait rêver fillette à l'amour.*

Emma se releva comme un cadavre que l'on galvanise, les cheveux dé-
noués, la prunelle fixe, béante.

> *Pour amasser diligemment*
> *Les épis que la faux moissonne,*
> *Ma Nanette va s'inclinant*
> *Vers le sillon qui nous les donne.*

– L'aveugle! s'écria-t-elle.
Et Emma se mit à rire, d'un rire atroce, frénétique, désespéré, croyant voir
la face hideuse du misérable, qui se dressait dans les ténèbres éternelles
comme un épouvantement.

> *Il souffla bien fort ce jour-là,*
> *Et le jupon court s'envola!*

Une convulsion la rabattit sur le matelas. Tous s'approchèrent. Elle n'exi-
stait plus.

aus: FLAUBERT, „Madame Bovary", III, 8

Kommentar

Die Textpassage schildert den Todeskampf Emma Bovarys mittels der detailgetreuen Wiedergabe von Gesten und Bewegungen, jedoch ohne jedes Pathos auf der Ebene des *récit*. Der Erzähler enthält sich jeder Zusammenhangsstiftung, wodurch ein gewisser Verfremdungseffekt auftritt. Der Erzähler arbeitet scharf den Kontrast von pathetischer Reaktion von Angehörigen und Priester und dem faktischem Sterbeprozess heraus, der als gänzlich unmetaphysisches Ereignis dargestellt wird. Hervorzuheben ist insbesondere die markante Korrelation von religiösem Diskurs des Priesters, der aus dem Erzählkontext leicht als Unwahrheit zu erkennen ist, und dem leitmotivischen Gesang des Blinden, der den Ort der Wahrheit bildet. – Die zeitgenössische Rezeption kritisierte gerade diese Passage, in der Flaubert mit zahlreichen literarischen Klischees bricht und die traditionelle Ästhetik in Frage stellt.

Struktur Mme Bovary	

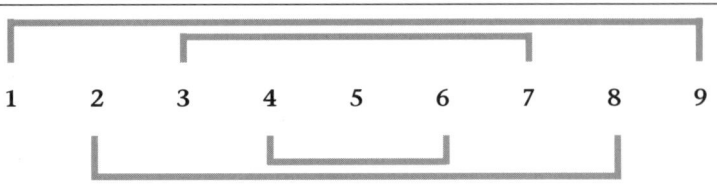

1. Charles Studien; Gründung einer Praxis; seine erste Ehe (I, 1–2).
2. Heirat mit Emma; erste Zeit in Tostes; Abend auf Schloss Vaubessard und seine Folgen (I, 3–9).
3. Übersiedlung nach Yonville; erste sentimentale Liebe mit Léon (II, 1–6).
4. Begegnung mit Rodolphe; Emma bewahrt eine gewisse Zurückhaltung; vorläufiger Bruch mit Rodolphe (II, 7–10).
5. Operation des Klumpfußes (II, 11).
6. Zweite Periode der Liaison mit Rodolphe; Emma verliert alle Zurückhaltung; sinnliche Liebe; Abbruch der Beziehung durch Rodolphes Abreise; Krankheit (II, 12–15).
7. Periode der zweiten Liebe mit Léon (III, 1–6).
8. Finanzieller Zusammenbruch; letzte Versuche sich zu retten; Selbstmord (III, 7–8).
9. Begräbnis; Charles nach Emmas Tod; Sein eigener Tod (III, 9–12).

Strukturmodell des Romans Madame Bovary (nach W. v. Wartburg)

Bovarysmus

Der Begriff geht auf JULES DE GAULTIER zurück, der 1892 ein gleichnamiges Buch veröffentlichte. Seither versteht man unter Bovarysmus eine in der Mitte des 19. Jahrhunderts verbreitete Lebenseinstellung, die das Ungenügen an der banalen und eintönigen Alltagswirklichkeit dadurch aufzufangen versucht, dass man sich literarischen Illusionen hingibt. Wie im Falle der Leserin Emma Bovary, die sich der Lektüre zahlreicher romantischer Autoren verschrieben hat, verschwimmt dabei die Grenze zwischen Fiktion und Wirklichkeit. Insbesondere neigen die vom Bovarysmus gezeichneten Menschen dazu, sich anders zu sehen, als sie wirklich sind.

Hauptwerke

Salammbô (1862), historischer Roman, bei dem Flaubert die Handlung in das antike Karthago verlegt. Während der fünf Jahre, die er am Roman schrieb, verarbeitete er zahlreiche Eindrücke und Erfahrungen seiner Orientreise. Flaubert stellt den Aufstand und die Niederschlagung eines Söldnerheeres im antiken Karthago dar, bei der er sich ausführlich den sinnlosen und blutigen Grausamkeiten der Schlacht widmet. Darüber hinaus schildert er ausführlich die mythische Verwobenheit des antiken Menschen, für den Götter und Fabelwesen allgegenwärtig sind.

Education sentimentale (1869), Roman. Nach einer ersten Fassung aus dem Jahre 1843, in der ein romantischer Idealist einem bürgerlichen Karrieremenschen gegenübergestellt wurde, setzt Flaubert mit der zweiten Fassung sein ästhetisches Programm in die Praxis um. – Der junge Student Frédéric Moreau erblickt während einer Dampferfahrt Mme Arnoux, in die er sich Hals über Kopf verliebt. Die Frau des Kunsthändlers Arnoux weist sein Werben jedoch immer wieder zurück, so dass Frédéric sich aus Enttäuschung in ein Dandyleben mit der Prostituierten Rosanette stürzt. Zugleich verspricht er seiner Jugendliebe Louise die Ehe und unterhält eine Beziehung zur einflussreichen Mme Dambreuse. Im Fortgang des Romans werden Frédérics Hoffnungen scheinbar endgültig zerstört, als ein Rendez-vous mit Mme Arnoux wegen eines Missverständnisses nicht zustande kommt. – In den politisch bewegten Tagen der ausgehenden Julimonarchie und in den Wirren der 48er-Revolution verpasst Frédéric neben seinen privaten Möglichkeiten auch mehrere Chancen zum politischen Aufstieg, da er im entscheidenden Moment zu willensschwach ist und im Leben keinen Sinn mehr sehen kann. Mit dem Scheitern der Revolution ist seine politische Laufbahn und sein persönliches Schicksal besiegelt. Am Ende des Romans blickt der Held auf sein Leben zurück und stellt fest, dass das Beste daran ein missglückter Bordellbesuch in seiner Jugend war.

Der Roman erzählt die Geschichte eines persönlichen Scheiterns, eines beständigen Schwankens zwischen Hoffnung und Enttäuschung, das notwendig in der persönlichen Katastrophe enden muss, die das Leben hier jedoch nicht beendet, sondern lediglich in gleichförmiger Monotonie fortsetzt. Die Biographie des Protagonisten ist dabei in auffälliger Weise mit den politischen Ereignissen verbunden, die aus seiner subjektiven Perspektive dargestellt werden:

Historisches Geschehen	Biographie Frédérics
Barrikadenkämpfe in Paris; Sturz des Bürgerkönigtums	Gescheitertes Rendez-vous mit Mme Arnoux
Höhepunkt der Barrikadenkämpfe	Bruch mit Rosanette und Mme Dambreuse; Abreise aus Paris

Persönliches und politisches Geschehen in der Education sentimentale

Textvergleich Die Technik der Protagonistendarstellung im literarischen Realismus erreicht bei Flaubert eine neue Qualität. Im Vergleich der Einführung von Julien Sorel (STENDHAL) zu Frédéric Moreau (FLAUBERT) wird dies deutlich:

Text I *C'était un petit jeune homme de dix-huit à dix-neuf ans, faible en apparence, avec des traits irréguliers, mais délicats, et un nez aquilin. De*

grands yeux noirs, qui, dans les moments tranquilles, annonçaient de la réflexion et du feu, étaient animés en cet instant de l'expression de la haine la plus féroce. Des cheveux châtain foncé, plantés fort bas, lui donnaient un petit front, et, dans les moments de colère, un air méchant. Parmi les innombrables variétés de la physiognomie humaine, il n'en est peut-être point qui se soit distinguée par une spécialité plus saisissante. Une taille svelte et bien prise annonçait plus de légèreté que de vigueur. Dès sa première jeunesse, son air extrêmement pensif et sa grande pâleur avaient donné l'idée à son père qu'il ne vivrait pas, ou qu'il vivrait pour être une charge à sa famille. Objet des mépris de tous à la maison, il haïssait ses frères et son père; dans les jeux du dimanche, sur la place publique, il était toujours battu.
aus: STENDHAL, „Le rouge et le noir", I, 4

Kommentar Text I

Der auktoriale Erzähler charakterisiert den Protagonisten, indem er ihn in Beziehung zu vorgängigen Maßstäben setzt *(faible en apparence, traits irréguliers, taille svelte et bien prise, etc.)*. Des weiteren ist die äußerliche Erscheinung ein Abbild psychischer Qualitäten *(yeux noirs = réflexion et feu; taille svelte = légèreté, etc.)*, die seine Persönlichkeit bewerten. Der Protagonist wird dabei stets als Individuum und als Ausnahmeerscheinung geschildert *(innombrable variétés de la physiognomie humaine, distingué par une spécialité plus saisissante, etc.)*

Text II

Un jeune homme de dix-huit ans, à longs cheveux et qui tenait un album sous son bras, restait auprès du gouvernail, immobile. A travers le brouillard, il contemplait des clochers, des édifices dont il ne savait pas les noms; [...] il poussa un grand soupir.
M. Frédéric Moreau, nouvellement reçu bachelier, s'en retournait à Nogent-sur-Seine, où il devait languir pendant deux mois, avant d'aller faire son droit. Sa mère, avec la somme indispensable, l'avait envoyé au Havre voir un oncle, dont elle espérait, pour lui, l'héritage; il en était revenu la veille seulement; et il se dédommageait de ne pouvoir séjourner dans la capitale, en regagnant se province par la route la plus longue.
[...] Frédéric pensait à la chambre qu'il occuperait là-bas, au plan d'un drame, à des sujets de tableaux, à des passions futures. Il trouvait que le bonheur mérité par l'excellence de son âme tardait à venir. Il se déclama des vers mélancoliques; il marchait sur le pont à pas rapides; il s'avança jusqu'au bout, du côté de la cloche [...]
aus: FLAUBERT, „L'éducation sentimentale"

Kommentar Text II

Der Protagonist bleibt passiv, was durch den Imparfait stilistisch unterstützt wird. Seine Vorgeschichte wird auf der Grundlage oberflächlicher Interessenlagen geschildert. Der Erzähler wechselt unvermittelt Themen und Perspektiven und verzichtet dabei auf jede Überleitung. Das bloße Nebeneinander von Sinneseindrücken und Reflexionen wird durch den vollständigen Verzicht

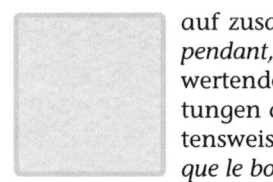

auf zusammenhangstiftende Worte, wie *mais, car, parce que, cependant,* etc. formal unterstrichen. An keiner Stelle finden sich wertende Hinweise *(impartialité)*, obwohl dem Rezipienten Wertungen durch die Schilderung oberflächlicher Denk- und Verhaltensweisen nahegelegt werden, wie z. B. durch den Satz: *Il trouvait que le bonheur mérité par l'excellence de son âme tardait à venir.*

Hauptwerke *La tentation de Saint-Antoine* (EA 1874), symbolischer Roman; *Les trois contes* (1877), Sammlung von Erzählungen; *Bouvard et Pécuchet* (1881), satirisches Romanfragment; *Dictionnaire des idées reçues* (EA 1911), satirisches Wörterbuch.

3

KAPITEL Naturalismus

1 Epochenmerkmale und -abgrenzungen

Begriff

Das Adjektiv *naturaliste* ist erstmals 1769 bei NOUGARET nachzuweisen, der damit dramatische Werke charakterisierte, die sich thematisch mit banaler Alltagswirklichkeit auseinandersetzen. – Im 19. Jahrhundert sprach als erster SAINTE-BEUVE von *naturaliste des esprits*. – Spätestens seit den BRÜDERN GONCOURT und ZOLA steht der Begriff für eine relativ scharf konturierte Gruppe von Schriftstellern.

Eingrenzung

Als historischer Anfang des Naturalismus wird allgemein der Roman *Germinie Lacerteux* von JULES UND EDMOND DE GONCOURT gesehen, der 1865 erschien. Als literaturgeschichtliche Bewegung hatte der Naturalismus europäische Dimensionen und erlebte den größten Zuspruch in den Jahren 1870 bis 1884. In diesem Zeitraum erschienen die meisten der naturalistischen Romane, und die Autoren standen vor allem über den von EMILE ZOLA initiierten Medan-Kreis in einem intensiven Meinungsaustausch. – Bis in das 20. Jahrhundert hinein berufen sich verschiedene Autoren immer wieder auf Zola, die Brüder Goncourt und andere bedeutende Naturalisten.

Ästhetik

Die Naturalisten verstanden sich als literarische Schule, die jedoch einen eher lockeren Zusammenhang aufweist. MAUPASSANT hatte sich beispielsweise den naturalistischen Ansprüchen zu keiner Zeit vollständig unterworfen. Der Begriff *école naturaliste* ist eine Schöpfung der Presse: Er wurde nach einem Treffen von EMILE ZOLA, KARL-JORIS HUYSMANS, GUY DE MAUPASSANT und anderen im Jahre 1877 geprägt. – Emile Zola definiert den Naturalisten durch drei Überzeugugnen:

- Glaube an die Möglichkeit, die Natur nach dem Prinzip von Ursache und Wirkung zu erklären;
- Methodische Ersetzung der Metaphysik durch Physiologie;
- Überzeugung, dass der umfassende soziale Determinismus analysiert und dargestellt werden kann.

In der literaturhistorischen Forschung werden noch weitere Aspekte genannt:

Engagement: Der literarische Naturalismus versteht sich als engagierte Kunst. Thematisch gilt seine besondere Aufmerksamkeit den unteren gesellschaftlichen Gruppen, insbesondere dem Proletariat. – Emile Zola und andere streben durch die Darstellung realer sozialer Verhältnisse eine breite Bewusstseinsveränderung an, die von politischen Maßnahmen begleitet ist und zu einer umfassenden Gesellschaftsveränderung führt.

Wissenschaftlichkeit: Die Naturalisten verzichten darauf, dargestellte Begebenheiten zu bewerten, pathetisch zu überhöhen oder sentimentalisch zu verklären. Ihr Stilideal ist die distanzierte genaue Abbildung, die über den konkreten Gegenstand den Blick auf ein Allgemeines freigibt. Das wissenschaftliche Objektivitätsideal muss dabei sowohl mit dem sozialen Engagement als auch mit dem künstlerischen Stilwillen vermittelt werden.

Antitraditionalismus: Der Naturalismus wendet sich explizit gegen literarische Vorbilder und Autoritäten. Zu seinem Maßstab wählt er die größtmögliche Nähe zur damaligen Gegenwartswelt. – Der Naturalismus kennt keinen absoluten Schönheitsbegriff. Angesichts seiner Gegenwartsskepsis ist ihm sogar jeder Gedanke an Schönheit fremd.

Positive Kategorien	Negative Kategorien
Engagement	Tradition
Gegenwartsbezug	Idealisierung
Normalität	Heroismus
Tatsachen	Fiktion
Details	System

Ästhetische Schlüsselbegriffe des Naturalismus

**Wider-
sprüche**

Objektivität/Stil: Unter inhaltlichen Gesichtspunkten streben die Naturalisten in ihren Darstellungen nach einer dokumentarischen Beobachtung, die sich jeder subjektiven Betrachtung oder gar Bewertung enthält. Diese Einstellung trifft jedoch sowohl in ihrer ästhetischen Theorie als auch in der literarischen Praxis auf einen Stilwillen, der Originalität beansprucht und das Streben nach Objektivität in Frage stellt: Inhalt und Form stehen in einem fortgesetzten Spannungsverhältnis.

Freiheit/Determinismus: Der Naturalismus gesteht zumindest den Künstlern die Fähigkeit zu, gesellschaftliche Prozesse zu analysieren und damit potentiell zu beherrschen. Zugleich behauptet er einen universellen Determinismus, dem kein Subjekt entrinnen kann. Der Widerspruch von künstlerischer Freiheit und absolutem Determinismus konnte von den Naturalisten nicht aufgelöst werden.

Engagement/Pessimismus: Die naturalistischen Autoren berufen sich einerseits auf naturwissenschaftliche Erfahrungen, mit deren Hilfe die zeitgenössische Gesellschaft reformiert werden soll, andererseits sind sie von einem tiefen Pessimismus geprägt, was die Beurteilung der sozialen Verhältnisse und deren Veränderbarkeit angeht.

Figuren	Die Protagonisten der naturalistischen Romane gehören im wesentlichen dem Proletariat an, das damit erstmals literaturfähig wird. Zwar tauchen bereits in realistischen Werken und trivialen Romanen Angehörige niederer sozialer Gruppen auf, jedoch sind diese entweder Nebenfiguren, oder ihre Armut ist pittoresk überzeichnet.
Themen	■ Lebensverhältnisse der sog. *basses classes* ■ Bürgerliche Dekadenz ■ Psychologische Anomalien und Nervenkrankheiten ■ Zusammenhang von Sexualität und Geld ■ Aufhebung erotischer Tabus
Realismus/ Naturalismus	Der Unterschied von realistischen und naturalistischen Darstellungsweisen ist auf verschiedenen Ebenen diskutiert worden. Auf darstellungsästhetischer Ebene treten besonders markant die Ansätze von HARALD WEINRICH und GEORG LUKÁCS hervor:

Tempusgebrauch: HARALD WEINRICH unterscheidet realistische und naturalistische Darstellungsweisen wesentlich unter dem Aspekt des Tempusgebrauchs: Während der *passé simple* generell die Vordergrundhandlung markiert, wird die Hintergrundhandlung im *imparfait* entfaltet. Im Unterschied zum literarischen Realismus zeichnet sich der Naturalismus durch einen Bedeutungszuwachs des *imparfait* aus, der erzähltechnisch und romantheoretisch bedingt ist (vgl. Weinrich [1977]).

Erzählen/Beschreiben: In einem berühmten Aufsatz vergleicht GEORG LUKÁCS zwei motivgleiche Textpassagen beim Realisten Tolstoi und beim Naturalisten Zola. Die Unterschiede in den jeweiligen narrativen Techniken fasst er in den Begriffen „Erzählen" und „Beschreiben" zusammen (vgl. Lukács [1978: 72 ff.]):

Realismus	Naturalismus
Notwendigkeit	Zufall
Repräsentativität	Vollständigkeit
Protagonisten handeln	Protagonisten beobachten
Prozessschilderungen	Situationsdarstellungen
Hierarchisierung der Erzählelemente	Nivellierung der Erzählelemente
Erzählung erfolgt vom Ende her	Gleichwertigkeit der Einzelheiten
Komposition der Details	Details werden selbständig
↓	↓
Erzählen	Beschreiben

Georg Lukács: Realistisches Erzählen und naturalistisches Beschreiben

2 Bedeutung der Wissenschaft

Entdeckungen

Die zweite Hälfte des 19. Jahrhunderts steht im Zeichen einer zunehmenden Wissenschafts- und Technikeuphorie, die ihren literarischen Niederschlag unter anderem darin findet, dass der Wissenschaftler zum literarischen Protagonisten aufsteigt (z. B. Docteur Pascal in ZOLAS gleichnamigem Roman). Hierzu trugen die zahlreichen wissenschaftlichen Erfolge dieser Epoche maßgeblich bei:

- 1859 entschlüsselte CHARLES DARWIN die Grundlagen der biologische Evolution
- 1869 beendet FERDINAND DE LESSEPS die Arbeiten am Suezkanal
- 1870 entdeckt HEINRICH SCHLIEMANN die Ruinen Trojas und
- 1889 stellt GUSTAVE EIFFEL der staunenden Öffentlichkeit seinen Turm in Paris vor.

1 Positivismus

Comte

AUGUSTE COMTE (1798–1857) gilt gemeinhin als Begründer der modernen Gesellschaftswissenschaften und des wissenschaftlichen Positivismus. Er war zunächst Sekretär Saint-Simons, später Dozent an der Ecole polytechnique. Er bezeichnet seine Soziologie auch als „Physik der Gesellschaft" bzw. als „wissenschaftliche Form der Politik". Zu seinen wichtigsten Theorien zählen:

Dreistadiengesetz: Die geschichtliche Abfolge globaler gesellschaftlicher Erklärungsmodelle beschreibt Comte als Sukzession dreier deutlich voneinander unterschiedener Epochen, die er als *état théologique, état métaphysique* und als *état positive* bezeichnet.

Die beiden ersten sind dadurch geprägt, dass beliebige Phänomene auf ihren Ursprung bzw. ihre Ursachen hin untersucht werden: Ein Gegenstand gilt dann als erkannt, wenn seine Ursachen erklärt sind. Comte kritisiert an diesem Verfahren vor allem, dass die entstehenden Kausalketten zum Anfang hin offen bleiben müssen und deshalb in einer Gottesvorstellung aufgehen, die rein spekulativ bleibt. – Erst im Zeitalter des Positivismus kommt der geschichtliche Prozess zum Stillstand. Die diachronische Perspektive der Ursachenforschung wird aufgegeben und durch synchronische Untersuchungen von Zusammenhängen bzw. Strukturen ersetzt. – Das Dreistadiengesetz veranschaulicht, welchen Anspruch Comte an die Wissenschaft richtet: Sie soll gesellschaftliche Orientierungsmuster bereitstellen und soziale Sinnerfahrung ermöglichen.

Einheit der Wissenschaft: Das Dreistadiengesetz verdeutlicht, dass die Gesellschaft in unterschiedliche Wissensbereiche zerfällt und innerhalb der Einzelwissenschaften nur noch partiell analysiert werden kann. Auf diese Weise können die zeitgenössischen Wissenschaften ihrer Aufgabe, gesellschaftlichen Sinn zu produzieren, nicht mehr gerecht werden. Comte versucht, die einzelnen Wissensbereiche durch eine gemeinsame positivistische Methode erneut zusammenzuführen. Die verlorene Ganzheitlichkeit des Erfahrungsgegenstands soll über die Einheit der Methode in der Wissenschaft wiederhergestellt werden.

Taine

HIPPOLYTE TAINE (1828–1893) war Professor für Kunstgeschichte an der Ecole des beaux arts und arbeitete als Kunstkritiker und Historiker. Die naturalistische Bewegung Frankreichs wurde nachhaltig von seinen Ideen beeinflusst. Zu seinen wichtigsten Theorien zählen:

Race, milieu, moment: In Taines Anthropologie ist das Subjekt unfrei und von verschiedenen Seiten determiniert: Neben seinen biologischen Anlagen (race), die ihm vererbt sind, ist sein Verhalten sozial konditioniert und trägt Züge seiner sozialen Gruppe oder Schicht (milieu). Diese zweite Determinante unterliegt dem historischen Wandel (moment).

Faculté maîtresse: Nach Taine verfügt jeder Künstler über eine individuelle Disposition, die sein Schaffen steuert und sich in allen Werken als bestimmender Faktor nachweisen lässt. Der klassische Fabelautor La Fontaine ist vor dem Hintergrund dieser Theorie vor allem durch seine Einbildungskraft geprägt, der römische Redner Titus Livius durch seine Rhetorik und der Historiker Michelet durch seine Empfindsamkeit. – Als individuelles Persönlichkeitsmerkmal widerspricht die faculté maîtresse potenziell dem Determinismus von race, milieu und moment.

Wirklichkeitsrekonstruktion: Im Rahmen seiner Untersuchungen zu den Fabeln La Fontaines vergleicht Taine wissenschaftliche und literarische Erfahrungen: „La poésie défait donc l'œuvre de la science; elle *reconstruit* ce que l'autre avait *décomposé;* elle rend à l'objet abstrait ses détails, et, ainsi, le change en *chose complexe;* elle rend à l'être général ce qui lui appartient en propre, et ainsi le change en *être particulier.* Elle ne l'observe général et abstrait que pour le rendre particulier et complexe; elle n'agit que pour réparer, reformer et créer." Dem wissenschaftlich analysierten Objekt stellt Taine die künstlerische Rekonstruktion gegenüber, die die wissenschaftlich gesicherten Details in subjektiver Weise neu kombiniert. Künstlerische Produktion setzt bei Taine wissenschaftliche Kenntnis allgemeiner Zusammenhänge und Strukturen zwingend voraus. Auf diese Weise stellt Taine zugleich sicher, dass sich wissenschaftliche Wahrheit und künstlerische Imitation voneinander unterscheiden und sich dabei nicht widersprechen.

Renan

ERNEST RENAN (1823–1892) war Professor für Hebräisch am Collège de France. 1878 wurde er in die Académie française gewählt. Der Religionssoziologe und Orientalist betätigte sich auch als Literaturkritiker. Zu seinen wichtigsten Theorien zählen:

Universalität: Das wissenschaftliche Zeitalter hat seinen Wissenszuwachs mit dem Verlust ganzheitlich-ästhetischer Erfahrung teuer bezahlt: Hinter der Vielzahl von Einzelerfahrungen ist neben der Ganzheitlichkeit auch der Aspekt „Schönheit" verschwunden. Letztere kann nur durch kreative Verfahren in der Kunst zurückgewonnen werden, an deren Ende ein Ganzes stehen muss. Schönheit und Ganzheitlichkeit gehören für Renan untrennbar zusammen.

Subjektivität: Renan versteht den Menschen als vielschichtiges und höchst komplexes Wesen, dessen Struktur sich nicht systematisieren lässt. Entsprechend seiner undurchschaubaren Kontingenz zweifelt Renan grundsätzlich an der Möglichkeit, dass einzelne Menschen mit wissenschaftlichen Mitteln adäquat dargestellt werden können. Abstrakte Darstellungen können der besonderen Qualität des menschlichen Subjekts schon deshalb nicht gerecht werden, weil sie seine spezifischen Qualitäten nicht als individuelle erfassen. Literarische Darstellungsformen wie sie insbesondere in der Romantik entwickelt wurden, sind der Wissenschaft hier deutlich überlegen.

3 Gattungen

Hierarchie

Gattungsgrenzen und soziale Grenzen treten spätestens im Naturalismus endgültig auseinander: Die soziale Zugehörigkeit der Protagonisten ist nicht länger konstitutives Gattungsmerkmal. Die Hierarchie zwischen den verschiedenen literarischen Formen wird nivelliert und Gattungsgrenzen werden gezielt durch einen einheitlichen Darstellungsstil überwunden.

1 Epik

Roman

Der Roman ist unbestritten die wichtigste literarische Form im literarischen Naturalismus. Als literarische Großform bietet er die Möglichkeit, komplexe soziale Sachverhalte darzustellen und zu analysieren sowie Entwicklungsprozesse zu rekonstruieren.

Authentizität: Die Autoren streben nach einer formalen Entpoetisierung der Gattung, um sie für wissenschaftliche Analysetechniken zu öffnen. Ziel der Darstellung ist es, einen Wirklichkeitsausschnitt im Zusammenhang darzustellen: „... un coin de la création vu à travers un tempérament." (EMILE ZOLA)

Stil: Die Subjektivität des Autors und mit ihr die künstlerische Qualität des Kunstwerks sollen ihren Platz in der *écriture artistique* finden und die Authentizität der Darstellung nicht beeinträchtigen.

Novelle

In der französischen Literaturkritik wird im Unterschied zur deutschen Tradition kaum zwischen *conte, histoire* und *nouvelle* unterschieden. Im Mittelpunkt der Novelle steht eine Aufsehen erregende Einzelbegebenheit, die nicht in ein komplexes Handlungsgeflecht eingebunden ist, sondern für sich steht. Die einzelnen Elemente wie Charaktere und Handlung, müssen kausal miteinander verknüpft sein. Dieses Gattungsprofil machte die Gattung für Autoren wie MAUPASSANT interessant.

Zu den bevorzugten Themen der französischen Novelle zählen:

- Exotische Milieus
- Darstellung fremder Völker und Sitten
- Historische Stoffe
- Unheimliche Begebenheiten und Schauergeschichten
- Vendetta-Geschichten (Blutrache der Korsen und Italiener)

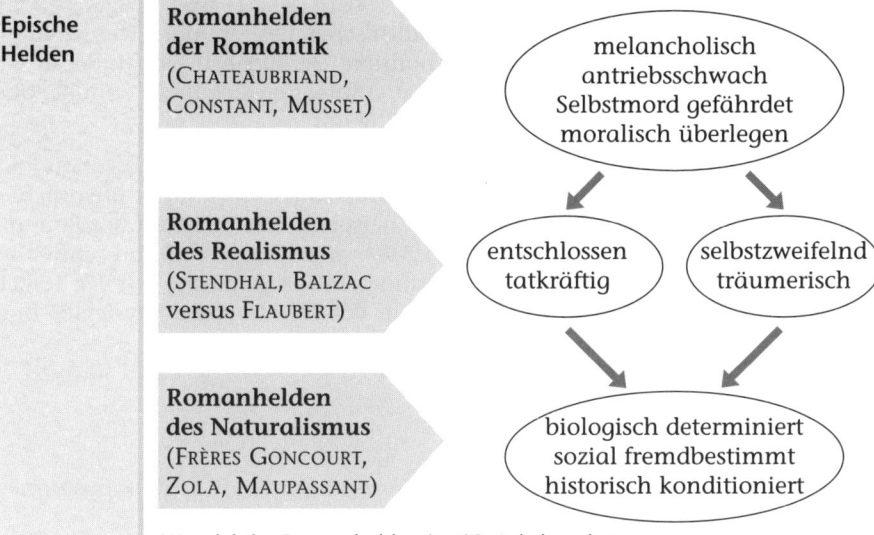

Epische Helden	

Romanhelden der Romantik (CHATEAUBRIAND, CONSTANT, MUSSET)

melancholisch
antriebsschwach
Selbstmord gefährdet
moralisch überlegen

Romanhelden des Realismus (STENDHAL, BALZAC versus FLAUBERT)

entschlossen tatkräftig

selbstzweifelnd träumerisch

Romanhelden des Naturalismus (FRÈRES GONCOURT, ZOLA, MAUPASSANT)

biologisch determiniert
sozial fremdbestimmt
historisch konditioniert

Wandel des Romanhelden im 19. Jahrhundert

2 Dramatik

Bedeutung

Nach der kurzen Blüte des romantischen Dramas verloren szenische Darbietungsformen im 19. Jahrhundert rasch an Bedeutung und wurden durch Epik und Lyrik überflügelt. Dennoch erfreuten sich einzelne dramatische Werke auch im Zweiten Kaiserreich relativ großer Beliebtheit. Neben ANDRÉ ANTOINE, der 1887 ein eigenes Theater für naturalistische Bühnenwerke ins Leben rief, ist vor allem HENRI BECQUE (1837–1899) zu nennen, der beispielsweise mit seinem Stück *Les corbeaux* (1882) die Geschäftspraktiken und Machenschaften der Großbourgeoisie in naturalistischer Manier anprangert.

Ästhetik

In ihren dramentheoretischen Schriften knüpfen naturalistische Autoren überraschenderweise an die klassische Tragödie an und wenden sich entschieden gegen das romantische Drama, das ihrer Auffassung nach keinen Raum für die Charakteranalyse läßt. – Die tradierten Techniken der Tragödie (Peripetie, Entflechtung, Katastrophe, etc.) werden dabei jedoch als unzulässige literarische Zwänge verworfen.

Formen

Sittentheater: Unter dem Oberbegriff Sittentheater *(théâtre de mœurs)* versteht man eine gesellschaftlich affirmative Theaterpraxis, bei der die bürgerlichen Wert- und Tugendvorstellungen verherrlicht werden. Zu den bekanntesten Autoren dieser Gruppe zählen François Ponsard (1814–1876) und Emile Augier (1820–1889). Alle individualistischen Bestrebungen werden in institutionellen Bahnen kanalisiert: Der Eigensinnige findet in seine soziale Rolle, der Abenteurer integriert sich in die Familie, und die Leidenschaft geht in der Ehe auf.

Unterhaltungstheater: Im Zweiten Kaiserreich gelangte die Oper zu großer Blüte und wurde zum Zentrum des öffentlichen Lebens. Guiseppe Verdi griff beispielsweise den Stoff des Romans *La dame aux camélias* von Alexandre Dumas auf und schrieb *La Traviata*. – Von deutlich geringerem Sozialprestige war der Besuch von kleineren Bühnen, die in der Tradition des Vaudeville burleske Szenen darboten.

3 Lyrik

Verse

Die Versdichtung wird zugunsten narrativer Darstellungsformen abgelehnt.

4 Autoren

1 Edmond und Jules de Goncourt

Zur Person

Die Brüder Edmond Huot de Goncourt (1822–1896) und Jules Alfred Huot de Goncourt (1830–1870) werden von der Literaturkritik häufig als eine Person behandelt, da ihr Œuvre bis zum Tod des jüngeren Bruders stets aus einer engen Zusammenarbeit hervorging. Sie betätigten sich als Historiker, Kunst- und Kulturkritiker und vor allem als Romanciers. – Beide fühlten sich zeitlebens als aufgeklärte Aristokraten und hielten soziale Unterschiede für durchaus gerechtfertigt. Ihre Romane sind insofern keine engagierten Kunstwerke, als ihnen ihr Lesepublikum vollkommen gleichgültig war. Ihre präzisen und detailgetreuen Darstellungen des Lebens der unteren sozialen Gruppen sind somit ästhetisch und nicht politisch motiviert.

Themen

- Psycho-pathologische Krankheitszustände
- Soziale Misere des Industrieproletariats
- Bürgerliche Dekadenz
- Dokumentation von Begebenheiten des realen Lebens

Figuren

Die Protagonisten ihrer Romane gehören nahezu ausnahmslos dem vierten Stand, dem Industrieproletariat, an. Sie leiden an ihrer Umwelt, die ihnen keine Entfaltungsmöglichkeiten bietet, und sind nervlich stark belastet. – Unter moralischen Gesichtspunkten handelt es sich um durchschnittliche Helden mit guten und schlechten Eigenschaften.

Stil

Literarischer Impressionismus: Als vielseitige Kunstkenner sind die Brüder Goncourt stark von der Malerei beeinflusst. Nach dem Gemälde „Impression, soleil levant" von CLAUDE MONET aus dem Jahre 1872 wurde der impressionistische Stil benannt, den die Goncourt literarisch in Form atmosphärischer Stimmungsbeschreibungen und Situationsschilderungen umzusetzen versuchen.

Erzählsituation: Der Erzähler tritt weitgehend hinter die äußerliche Beschreibung von signifikanten Situationen und Personen zurück. Zur Darstellung gelangt nur, was unmittelbar sinnfällig ist, von Vorwissen wird abstrahiert. Die Brüder Goncourt bezeichnen diesen Stil als *écriture artiste*.

Sprache: In ihren epischen Darstellungen streben die Goncourt nach größtmöglicher Wirklichkeitsnähe. Hier ist über die wörtliche Rede die Möglichkeit gegeben, alltagssprachliche Rede in die Literatur zu integrieren. Zusätzlich soll sich hier jedoch auch der Erzähler auf der Ebene des *récit* dem Sprachgestus seiner Protagonisten anpassen. In allen Fällen verbürgt die Subjektivität der *langue littéraire parlée* die Authentizität und Wahrheit der Darstellung. Der sprachliche Ausdruck ist extrem variationsreich und sprengt gelegentlich grammatikalische Regeln, wenn dies der Ausdrucksqualität förderlich zu sein scheint. – In ihrem Bestreben nach Beschreibung wird oft auf das handlungstragende Verb verzichtet.

Widersprüche

Jules und Edmond de Goncourt stellen den Determinismus des Milieus in Frage und verwenden in ihren Romanen dennoch viel Fleiß auf Situations- und Umgebungsschilderungen. – Sie zeigen vielerorts Verständnis für das Proletariat, ohne an den sozialpolitischen Ursachen seiner Misere interessiert zu sein. – Weiterhin vertreten sie ein hohes Stilideal und verstehen ihr Werk dennoch als Dokumentation wirklichen Geschehens.

Hauptwerke

Sœur Philomène (1861). Der Roman, der auf eine wahre Begebenheit zurückgeht, erzählt die fiktive Geschichte des Waisenkinds Marie, die aus ärmlichen Verhältnissen stammt und zunächst im großbürgerlichen Haushalt ihrer Tante und deren Sohn Henry aufgenommen wird. Als sie älter wird, muss sie das Haus aus Standesgründen verlassen und wird in einem kirchlichen Waisenhaus untergebracht. Allmählich gewöhnt sie sich an das Klosterleben und entwickelt eine ausgeprägte Sensibilität für ihre Umgebung. Mit der Pubertät kehrt sie dem Kloster den Rücken und sucht erneut Henry auf, den sie heimlich liebt. Sie wird jedoch zum zweiten Mal brüsk zurückgewiesen und kehrt ins Kloster zurück, wo sie als Schwester Philomène an der Seite des Arztes Barnier Kranke versorgt. Sie verliebt sich in Barnier, der sich nach dem Tod einer früheren Geliebten das Leben nimmt. Die Titelheldin betet an seinem Grab und stiehlt ihm eine Locke.

Die Goncourt verbinden in dem Roman präzise Detailschilderungen mit stereotypen Charakterdarstellungen. Ihr sozialkritisches Engagement leidet unter der großen Zahl literarischer Klischees, die sie in ihre psychologischen Analysen integrieren.

Textbeispiel

La salle est haute et vaste. Elle est longue, et se prolonge dans une ombre où elle s'enfonce sans finir.

Il fait nuit. Deux poêles jettent par leur porte ouverte une lueur rouge. De distance en distance des veilleuses, dont la petite flamme décroît à l'œil, laissent tomber une traînée de feu sur le carreau luisant. Sous leurs lueurs douteuses et vacillantes, les rideaux blanchissent confusément à droite et à gauche contre les murs, des lits s'éclairent vaguement, des files de lits apparaissent à demi que la nuit laisse deviner. A un bout de la salle, dans les profondeurs noires, quelque chose semble pâlir, qui a l'apparence d'une vierge de plâtre.

L'air est tiède, d'une tiédeur moite. Il est chargé d'une odeur fade, d'un goût écœurant de cérat échauffé et de graine de lin bouillie.

Tout se tait. Rien ne bruit, rien ne remue. La nuit dort, le silence plane. A peine si, de loin en loin, il sort de l'ombre immobile et muette un frippement de draps, un bâillement étouffé, une plainte éteinte, un soupir... Puis la salle retombe dans une paix sourde et mystérieuse.

Là-bas, où une lampe à bec est posée, à côté d'un petit livre de prières, sur une chaise dont elle éclaire la paille, une grosse fille qui a les deux pieds appuyés au bâton de la chaise se lève, les cheveux ébouriffés par le sommeil, du grand fauteuil recouvert avec un drap blanc, où elle se tenait somnolente. Elle passe, comme une silhouette, sur la lumière de la lampe, va à un poêle, prend la pointe de fer posée sur la cendre chaude, remue et tracasse deux ou trois fois le charbon de terre, revient à son fauteuil, repose ses pieds sur le bâton de la chaise, et s'allonge de côté.

Le feu, avivé, rayonne plus rouge. Dans leur godet de verre allongé, pendu à deux branches de fer arrondies, les veilleuses s'éteignent et se raniment. Leur lumignon se lève et s'abaisse, comme un souffle, sur l'huile lumineuse et transparente. Le fumivore, qui se balance à leur flamme mobile, projette sur les poutrelles du plafond une ombre énorme dont le cercle s'agite et remue sans cesse. Au-dessous, à droite et à gauche, la lumière coule mollement, du verre suspendu, sur le pied des lits, sur la bande de toile froncée qui les couronne, sur les rideaux dont elle jette l'ombre en écharpe au travers d'un corps pelotonné sous une couverture. Les formes, les lignes s'ébauchent en tremblant dans le demi-jour incertain qui les baigne, tandis qu'entre les lits, les fenêtres hautes, mal voilées par les rideaux, laissent passer la clarté bleuâtre d'une belle nuit d'hiver, sereine et glacée.

De veilleuse en veilleuse, la perspective s'éloigne, les images s'effacent et se confondent. Aux endroits où la clarté de l'une cesse et où la clarté de celle qui suit ne luit pas encore, de grandes ombres noires se lèvent toutes droites et se joignent au plafond, mettant la nuit aux deux côtés de la salle. Au delà, l'œil perçoit encore une confuse blancheur; puis la nuit revient, une nuit opaque où tout disparaît.

Au plus épais de l'ombre, au fond, tout au fond de la salle, une petite lueur tressaille, un point de feu paraît. Une lumière qui sort du lointain, marche et grandit, comme une lumière perdue dans une campagne noire vers laquelle on va la nuit. La lumière approche, elle est derrière la grande porte vitrée qui ferme la salle et la sépare d'une autre; elle en dessine l'arceau, elle en éclaire le vitrage; la porte s'ouvre: on distingue une chandelle, – et deux femmes toutes blanches.

«Ah! la ronde de la Mère...» murmure à demi-voix une malade moitié endormie, qui ferme les yeux à la lumière et se retourne de l'autre côté.

Les deux femmes en blanc passent lentement et doucement. Elles vont d'un pas si léger que leur pied ne fait pas même sur le carreau le bruit d'un glissement. Elles avancent, avec la chandelle devant elles, ainsi que des ombres dans un rayon.

Celle qui se tient du côté des lits marche les mains croisées devant elle. Elle est jeune. Sa figure a une douceur calme, un de ces sourires de paix que le rêve met en silence sur un visage qui dort. Elle porte sur la tête le voile blanc des novices. Sa robe molletonneuse, et que jaunissent à leur contraste les blancheurs froides de la percale et de la toile des lits, est la robe blanche des Sœurs de Saint-Augustin.

Aux côtés de la sœur, la bonne de la communauté, en camisole blanche, en jupon blanc, en bonnet de nuit, suit son pas. Elle porte la chandelle, qui lui éclaire en plein le visage et donne à son teint de papier mâché la blancheur mate et froide d'une tête de vieille abbesse dans un tableau noir.

aus: EDMOND und JULES DE GONCOURT, „Sœur Philomène", Kap. I

Kommentar

Der Textauszug beschreibt eine nächtliche Krankenhausszene in Form eines atmosphärischen Stimmungsbildes. Es sind weder klar abzugrenzende Protagonisten noch eine Konfliktstruktur zu erkennen. Der Erzähler beschränkt sich darauf, die undeutlichen und schemenhaften Gegenstände in ihrer räumlichen Anordnung vorzustellen (*là-bas, au dela, au fond*, etc.). Weder werden die Gegenstände in einen größeren Sinnzusammenhang gestellt noch lässt sich ihre Bedeutung im Romankontext ermessen. Es werden keine kausalen oder andere Beziehungen zwischen den einzelnen Erscheinungen benannt, vielmehr beschränkt sich der Erzähler darauf, scheinbar spontane und unreflektierte Augenblickseindrücke wiederzugeben. Der Text suggeriert dem Leser, einen bestimmten Standpunkt einzunehmen, der mit dem des Erzählers identisch ist. Von hier aus ergibt sich ein Perspektivismus, der in Wendungen wie *la perspective s'éloigne, l'œil perçoit* und *la lumière approche* aufscheint. Trotz dieser scheinbar willkürlichen Darstellungsweise weist der Text eine Reihe markanter stilistischer Mittel auf: Die Textpassage ist leitmotivisch durch den Schwarz-Weiß-Kontrast geprägt *(profondeur noire, ombre énorme, nuit opaque vs rideaux blanchissent, drap blanc, teint de papier mâché)*, der die Ambivalenz des Krankenhauses zwischen Krankheit und Tod einerseits und Genesung und Gesundheit andererseits illustriert. Darüber hinaus wird das Motiv des Lichts bzw. der Kerzen *(petite flamme, le feu avivé, lumière, chandelle, etc.)* als Symbol sowohl für die lebensspendende als auch für die lebensvernichtende Kraft des Feuers mehrfach evoziert. – Die Textpassage kommt nahezu ohne Zeitstruktur aus und gibt ein atmosphärisches Stimmungsbild, welches zu den Protagonisten und zur Geschichte hinführt.

Hauptwerke

Germinie Lacerteux (1864). Der Roman erzählt die Geschichte eines jungen Dienstmädchens aus der Provinz, das als Opfer einer Vergewaltigung ein totes Kind zur Welt bringt. Sie findet Anstellung im Haus einer reichen Adligen und verliebt sich in den Sohn einer Milchhändlerin, der ihre Liebe schamlos ausnutzt: Er hintergeht sie und nimmt ihr sämtliche Ersparnisse ab. Ein gemeinsames Kind, das Germinie in Pflege gibt, stirbt. Die Protagonistin wird zur Alkoholikerin und betreibt heimliche Prostitution, ohne jedoch ihre Aufgaben als Dienstmädchen zu vernachlässigen. Ihr sozialer Abstieg kann aber auch durch die Trennung von ihrem Liebhaber nicht mehr aufgehalten werden. Erst nachdem sie an Schwindsucht gestorben ist, erfährt ihre Herrin von ihrem Doppelleben. Zuerst verflucht sie ihr ehemaliges Dienstmädchen, als sie jedoch später Einzelheiten ihrer glücklosen Existenz erfährt, verzeiht sie ihr.

Das narrative Interesse der Autoren richtet sich im Wesentlichen auf den pathologischen Zustand der Protagonistin. Sie zeigen jedoch kein direktes soziales Engagement und keinen Abscheu dem Bürgertum gegenüber. Das Proletariat wird hier zu einem literaturfähigen Gegenstand.

Journal des Goncourt. Mémoires de la vie littéraire (EA 1887–1896), literarisches Tagebuch in 22 Bänden, das am Tage des Staatsstreichs Napoleon III einsetzt und Dokumente, Anekdoten, gesellschaftlichen Klatsch und Personenporträts enthält, mit denen die Goncourt das Denken ihres Zeitalters folgenden Generationen verdeutlichen wollten. Unter den Porträts befinden sich neben Théophile Gautier, Sainte-Beuve und Hippolyte Taine auch Gustave Flaubert, von dessen unparteiischem Kunstverständnis sie sich entschieden distanzieren.

Mit großer innerer Distanz stellen sie unterschiedliche Facetten des gesellschaftlichen Lebens im Zweiten Kaiserreich und der

Dritten Republik dar. Sie tendieren dabei zu unkonventionellen Bewertungen und Schlussfolgerungen. Nach dem Tode seines Bruders führte Edmond das Tagebuch allein fort.

Portraits intimes du XVIIIe siècle (1857), historisches Werk; *Les maîtresses de Louis XV* (1860), historisches Werk; *Les hommes de lettres* (1860), kunstkritischer Traktat; *Manette Salomon* (1867), Roman; *Madame Gervaisais* (1869), Roman; *Les frères Zemganno* (1878), Roman; *La Faustin* (1882), Roman; *L'art japonais* (1893), kunst- und kulturkritischer Traktat.

2 Henri Becque

Zur Person

HENRI FRANÇOIS BECQUE (1837–1899) stammt aus bescheidenen sozialen Verhältnissen. Er arbeitete in Paris zunächst als Eisenbahnangestellter, später als Journalist und Bühnenautor. Seine pessimistische Weltanschauung steht dem literarischen Engagement im Wege. Die Zweifel an der Veränderbarkeit der Gesellschaft mindern jedoch nicht die analytischen Qualitäten seines Werks.

Ästhetik

Becques theatralisches Ziel besteht darin, zeitgenössische bürgerliche Konflikte auf die Bühne zu bringen und das Verhalten der Protagonisten kausal zu erklären. Dabei schwankt er oft zwischen charakterlichen und gesellschaftlichen Erklärungen, die nicht immer plausibel sind.

Stoffe/ Motive

- Bürgerliche Profitgier
- Zerfall familiärer Strukturen
- Moralischer Verfall

Figuren

In den Dramen Becques treten neben Vertretern der Bourgeoisie auch Proletarier auf, die ersteren sowohl moralisch als auch intellektuell überlegen sind.

Hauptwerke

Les corbeaux (1882), naturalistisches Sittendrama. Der Großindustrielle Vigneron hat sich hoch verschuldet, um in ein großes Bauvorhaben zu investieren. Nach seinem plötzlichen Tod fallen sein ehemaliger Kompagnon Teissier, der Notar Bourdon und der Architekt Lefort wie die Raben über die in Geschäftsdingen unerfahrene Witwe und deren Familie her, um sich zu bereichern. Der älteste Sohn lässt die Familie im Stich und verlässt das Haus, um zur Armee zu gehen. Nach anfänglichem Widerstreben opfert sich schließlich die älteste Tochter Marie: Sie heiratet den wollüstigen Greis Teissier und bewahrt so ihre Familie vor dem finanziellen Ruin.

LEFORT: *Les héritiers se trouvent dans une passe difficile, mais dont ils peuvent sortir à leur avantage. Ils ont sous la main un homme dévoué, intelligent, estimé universellement sur la place de Paris, c'est l'architecte du défunt qui devient le leur. L'écouteront-ils? S'ils repoussent ses avis et sa direction, (avec une pantomime comique) la partie est perdue pour eux.*

BOURDON: *Arrivez donc, monsieur, sans tant de phrases, à ce que vous proposez.*

LEFORT: *Raisonnons dans l'hypothèse la plus défavorable. M. Lefort, qui vous parle en ce moment, est écarté de l'affaire. On règle son mémoire, loyalement, sans le chicaner sur chaque article, M. Lefort n'en demande pas plus pour lui. Que deviennent les immeubles? Je répète qu'ils sont éloignés du centre, chargés de servitudes, j'ajoute: grevés d'hypothèques, autant de raisons qu'on fera valoir contre les propriétaires au profit d'un acheteur mystérieux qui ne manquera pas de se trouver là. (Avec volubilité) On dépréciera ces immeubles, on en précipitera la vente, on écartera les acquéreurs, on trompera le tribunal pour obtenir une mise à prix dérisoire, on étouffera les enchères. Voilà une propriété réduite à zéro.*

BOURDON: *Précisez, monsieur, j'exige que vous précisiez. Vous dites: on fera telle, telle et telle chose. Qui donc les fera, s'il vous plaît? Savez-vous que de pareilles manœuvres ne seraient possibles qu'à une seule personne et que vous incriminez le notaire qui sera chargé de l'adjudication?*

LEFORT: *C'est peut-être vous, monsieur.*

BOURDON: *Je ne parle pas pour moi, monsieur, mais pour tous mes confrères qui se trouvent atteints par vos paroles. Vous attaquez bien légèrement la corporation la plus respectable que je connaisse. Vous mettez en suspicion la loi elle-même dans la personne des officiers publics chargés de l'exécuter. Vous faites pis, monsieur, si c'est possible. Vous troublez la sécurité des familles. Il vous sied bien vraiment de produire une accusation semblable et de nous arriver avec un mémoire de trente-sept mille francs.*

LEFORT: *Je demande à être là quand vous présenterez votre note.*

BOURDON: *Terminons, monsieur. En deux mots, qu'est-ce que vous proposez?*

LEFORT: *J'y arrive, à ce que je propose. Je propose aux héritiers Vigneron de continuer les travaux...*

BOURDON: *Allons donc, il fallait le dire tout de suite. Vous êtes architecte, vous proposez de continuer les travaux.*

LEFORT: *Laissez-moi finir, monsieur.*

BOURDON: *C'est inutile. Si madame Vigneron veut vous entendre, libre à elle; mais moi, je n'écouterai pas plus longtemps des divagations. Quelle somme mettez-vous sur la table? Madame Vigneron n'a pas d'argent, je vous en préviens, où est le vôtre? Dans trois mois nous nous retrouverions au même point, avec cette différence que votre mémoire, qui est aujourd'hui de trente-sept mille francs, s'élèverait au double au train dont vous y allez. Ne me forcez pas à en dire davantage. Je prends vos*

offres telles que vous nous les donnez. Je ne veux pas y voir quelque com-
binaison ténébreuse qui ferait de vous un propriétaire à bon marché.
LEFORT: *Qu'est ce que vous dites, monsieur? Regardez-moi donc en face.*
Est-ce que j'ai l'air d'un homme à combinaison ténébreuse? Ma parole
d'honneur, je n'ai jamais vu un polichinelle pareil.
BOURDON, *se contenant, à mi-voix: Comment m'appelez-vous, saltim-*
banque?

Madame Vigneron se lève pour intervenir.

TEISSIER: *Laissez, madame, ne dites rien. On n'interrompt jamais une*
conversation d'affaires.
LEFORT, *à madame Vigneron: Je cède la place, madame. Si vous désirez*
connaître mon projet et les ressources dont je dispose, vous me rappellerez.
Dans le cas contraire, vous auriez l'obligeance de me régler mon mémoire
le plus tôt possible. Il faut que je fasse des avances à tous mes clients, moi,
tandis qu'un notaire tripote avec l'argent des siens. (Il se retire).
TEISSIER: *Attendez-moi, Lefort, nous ferons un bout de*
chemin ensemble (A madame Vigneron) Je vous laisse avec Bourdon, ma-
dame, profitez de ce que vous le tenez.
aus: HENRI BECQUE, „Les Corbeaux", II, 9

Kommentar

Von der Konfliktstruktur her knüpft Becque mit seinem Stück an das traditionelle Sittendrama seiner Zeit an. In der konkreten Ausführung des Themas zeigt er sich jedoch bedeutend sarkastischer und kritischer. Der Kontrast von geäußerten und wirklichen Absichten der drei „Raben" Teissier, Bourdon und Lefort wird durch die Verwendung der Alltagssprache *(polichinelle, saltimbanque,* etc.) besonders eindringlich markiert. Die drei Protagonisten führen ständig Begriffe wie *dévouement, estime* und *honneur* im Munde, die sie für ihre niedrigen finanziellen Interessen aushöhlen und missbrauchen. Der unglückliche Ausgang des Dramas bestätigt die negativen Helden des Stücks und beinhaltet zugleich ein vernichtendes Urteil über die eigene Epoche.

Hauptwerke

Michel Pauper (1870), Sittendrama in fünf Akten; *La Navette* (1878), Komödie in einem Akt; *Les honnêtes femmes* (1880), Komödie; *La parisienne* (1885), Sittendrama; *Sonnets mélancholiques* (1887), Gedichtsammlung.

3 Emile Zola

Zur Person

EMILE EDOUARD CHARLES ANTOINE ZOLA (1840–1902), wurde als Sohn eines italienischen Ingenieurs und einer Französin aus der Provence in Paris geboren und verlebte seine Kindheit in Aix-en-Provence. Das Abitur legte er erst im dritten Anlauf ab, nachdem er zweimal am Fach Französisch scheiterte. Nach Tätigkeiten in der Zollverwaltung und beim Verlag Hachette wurde er Journalist und schrieb neben der Arbeit Gedichte, Dramen und Romane. Ab 1877 konnte er von den Einkünften seiner schriftstellerischen Arbeit leben. Seine unpolitische Einstellung legte er in der sog. Dreyfus-Affäre ab, in der er sich gegen die politischen Machenschaften der Bourgeoisie, der Kirche und des Militärs engagierte. Zola starb an einer Gasvergiftung in seinem Haus in Paris.

Zyklenroman Von 1869 bis 1893 arbeitete Zola am „Rougon-Macquart-Zyklus", dessen vollständiger Titel lautet: *Les Rougon-Macquart. Histoire naturelle et sociale d'une famille sous le Second Empire.* Der Zyklus umfasst zwanzig Romane, deren Handlung mit dem Staatsstreich Napoleons am 2. Dezember 1851 beginnt. In Konzeption und Anlage ist das Werk von der *Comédie humaine* BALZACS inspiriert.

Titel	Jahr	Protagonist	Milieu
La fortune des Rougon	1871	Pierre Rougon	Bourgeoisie
La curée	1872	Aristide Rougon	Großbourgeoisie
Le ventre de Paris	1873	Lisa Macquart	Markthallenmilieu
La conquête de Plassans	1874	François Mouret	Klerus
La faute de l'abbé Mouret	1875	Serge Mouret	Klerus
Son excellence Eugène Rougon	1876	Eugène Rougon	Politikermilieu
L'Assommoir	1877	Gervaise Macquart	Proletariat
Une page d'amour	1878	Jeanne Grandjean	Bourgeoisie
Nana	1880	Anna Coupeau	Pariser Halbwelt
Pot-bouille	1882	Octave Mouret	Kleinbürgertum
Au bonheur des dames	1883	Octave Mouret	Kaufhauswelt
La joie de vivre	1884	Pauline Quenu	Dörfliches Leben
Germinal	1885	Etienne Lantier	Bergarbeitermilieu
L'œuvre	1886	Claude Lantier	Künstlermilieu
La terre	1887	Jean Macquart	Bäuerliches Milieu
Le rêve	1888	Angélique Rougon	Kleinbürgertum
La bête humaine	1890	Jacques Lantier	Eisenbahnermilieu
L'argent	1891	Aristide Rougon	Bankiersmilieu
La débâcle	1892	Jean Macquart	Soldatenmilieu
Le docteur Pascal	1893	Pascal Rougon	Wissenschaft

Übersicht der Romane des Rougon-Macquart-Zyklus

Auch die Technik der Wiederkehrfiguren hat Zola von Balzac übernommen (s. S. 54f.). Im Unterschied zu diesem versucht der

Naturalist jedoch nicht, die *ganze* Gesellschaft in einem Roman zu erfassen. In konzentrierter Form wird hier der Lebensweg von fünf Generationen einer Familie wiedergegeben. Nach wissenschaftlichem Vorbild schildert der Erzähler verschiedene Milieus und Charaktere in ihrer jeweiligen Verwiesenheit.

Dreyfus-Affäre

Im Jahre 1897 erschütterte die sogenannte Dreyfus-Affäre Frankreich, in der sich Zola erstmals einer politischen Öffentlichkeit stellte. Im Jahre 1894 wurde der jüdische Hauptmann ALBERT DREYFUS mit Hilfe zweifelhafter und teilweise gefälschter Beweise des Landesverrats angeklagt und zu lebenslänglicher Verbannung auf die Teufelsinsel verurteilt. Das Urteil spaltete die französische Öffentlichkeit in zwei Lager: Während konservative Kräfte das Urteil begrüßten, nahmen Liberale und Sozialisten Dreyfus in Schutz. Zola kritisierte das Verfahren ebenso wie das Urteil. In der Zeitschrift *L'Aurore* vom 13. 1. 1898 verfasste er den berühmten Artikel „J'accuse ...", in dem er den wenig beliebten Dreyfus gegen die herrschende Bourgeoisie und die chauvinistischen Kreise in Schutz nahm. Zola wurde daraufhin selbst zur Zielscheibe einer Hetzkampagne. Sein Engagement bewirkte aber letztlich die Wiederaufnahme des Verfahrens und führte schließlich zur Freisprechung des Hauptmanns.

Stoffe/Motive

- Sozialer und biologischer Determinismus
- Lebensbedingungen des modernen Proletariats
- Soziale Konflikte und Normenprobleme
- Ambitionen und moralischer Niedergang der Bourgeoisie
- Moralischer Verfall in Ausnahmesituationen

Figuren

Die Figuren Zolas sind durch Vererbung, Gesellschaft und die konkrete historische Situation *(race, milieu, moment)* geprägt. Bevor er einen Roman schrieb, recherchierte Zola ausgiebig in dem darin jeweils darzustellenden sozialen Milieu. Dennoch sind die meisten seiner Figuren eher durch ihre Funktion im Handlungskontext des Romans als durch außerliterarische Fakten geprägt. Die Milieustudien sind oftmals in den Kontext einer traditionellen Liebesgeschichte eingebettet.

Ästhetik

Zolas Ästhetik stützt sich auf drei Säulen: 1. der Milieutheorie, die er von HIPPOLYTE TAINE (1828–1893) übernahm; 2. der darwinistischen Vererbungslehre, die er über den Mediziner PROSPER LUCAS kennen lernte und 3. der experimentellen Methode, die er von CLAUDE BERNARD kopierte:

Milieutheorie: Entsprechend den Theorien von HIPPOLYTE TAINE versteht Zola jeden Charakter seines Romans als Produkt eines sozialen Determinismus, der nicht mehr, wie es z. B. die Klimatheorie der Romantiker postuliert, lokal, sondern sozial geprägt und damit zugleich historischem Wandel unterworfen ist. Da jeder Roman des Rougon-Macquart-Zyklus in sich abgeschlossen ist und sich die biologischen Determinanten nur über die Generationenfolge, d. h. die Lektüre von mehreren Romanen rekonstruieren lassen, stellen sich die sozialen Einflüsse als wesentlich stärker dar.

Vererbungslehre: Zola war Anhänger der darwinschen Vererbungslehre und konstruierte seinen Roman nach einem vorab festgelegten Stammbaum. Ursprung ist die Großmutter Adélaïde Fouque, die Kinder mit dem Alkoholiker Antoine Macquart und dem ambitionierten Rougon hat. Die beiden Zweige der Familie entwickeln sich gemäß ihren vererbten Anlagen. – Zola benennt drei Formen der Vererbung:

- *Election:* Es werden ausschließlich die Merkmale des Vaters oder der Mutter vererbt;
- *Mélange:* Es werden gleichzeitig Merkmale beider Eltern vererbt;
- *Combinaison:* Aus der Mischung beider Erbanlagen entsteht ein neuer Charakter.

1. **Generation:**
   Adélaïde Fouque (1768–1851) *La Fortune des Rougon.*
2. **Generation:**
   Pierre Rougon (*1787) *La Fortune des Rougon;* Antoine Macquart (1789–1873) *La Fortune des Rougon, La conquête de Plassans;* Ursule Macquart (1791–1840) *La Fortune des Rougon.*
3. **Generation:**
   Eugène Rougon (*1811) *Son excellence Eugène Rougon;* Pascal Rougon (*1813) *Le docteur Pascal;* Aristide Rougon, gen. Saccard (*1815) *La Curée, L'argent;* Sidonie Rougon (*1818) *La Curée;* Marthe Rougon (*1820) *La conquête de Plassans;* François Mouret (*1817) *La conquête de Plassans;* Hélène Mouret (*1824) *Une page d'amour;* Silvère Mouret (*1834) *La fortune des Rougon;* Lisa Macquart (*1827) *Le ventre de Paris;* Gervaise Macquart (1828–1869) *L'assommoir;* Jean Macquart (*1831) *La terre, La débâcle.*
4. **Generation:**
   Maxime Rougon, gen. Saccard (*1840) *La Curée;* Clotilde Rougon (*1847) *Le docteur Pascal;* Angélique Rougon (*1851) *Le Rêve;* Octave Mouret (*1840) *Pot-bouille, Au bonheur des dames;* Serge Mouret (*1841) *La faute de l'abbé Mouret;* Désirée Mouret (*1844) *La conquête de Plassans, La faute de l'abbé Mouret;* Jeanne Grandjean (*1842) *Une page d'amour;* Pauline Quenu (*1855) *La joie de vivre;* Claude Lantier (*1852) *L'œuvre;* Jacques Lantier (*1844) *La bête humaine;* Etienne Lantier (*1846) *Germinal;* Anna Coupeau, gen. Nana (1852–1870) *Nana.*

> **5. Generation:**
> Charles Rougon, gen. Saccard (*1857) *Le docteur Pascal;* Jacques-Louis Lantier (*1860) *L'œuvre;* Louis Coupeau, (1867–1870) *Nana.*

Generationenfolge im Rougon-Macquart Zyklus

Experimentelle Methode: In enger Anlehnung an die theoretischen Ausführungen des Mediziners Claude Bernard bestimmt Zola die Tätigkeit des Schriftstellers mit den Begriffen *observateur* und *expérimentateur.* Literarische Produktion wird durch die sukzessive Übernahme beider Funktionen definiert: Der Autor kombiniert empirische Fakten und Details zu einer neuen Situation und beobachtet anschließend die kausalen Ereignisketten.

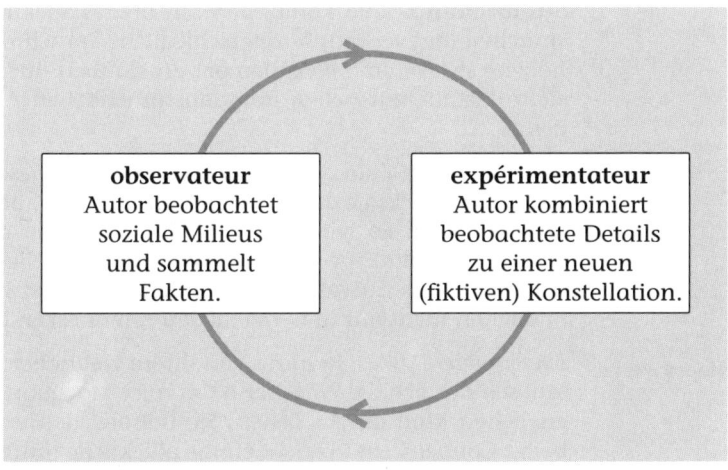

observateur
Autor beobachtet soziale Milieus und sammelt Fakten.

expérimentateur
Autor kombiniert beobachtete Details zu einer neuen (fiktiven) Konstellation.

Funktion des Autors nach Zola

**Wider-
sprüche**

Wissenschaft/Ästhetik: Unter Verzicht auf jede metaphysische Erklärung versucht Zola, die sinnlich erfahrbare Welt in ihrer Ganzheit objektiv darzustellen, ohne dabei den künstlerischen Anspruch aus den Augen zu verlieren. Dabei greift er jedoch ausgiebig auf konventionelle Symbole und mythologische Motive zurück, die seinem wissenschaftlichen Erkenntnisanspruch zuwiderlaufen. Seine Darstellungen beanspruchen zwar wissenschaftliche Objektivität, doch wird Zola auch nicht müde, künstlerische Originalität zu reklamieren.

Objektivität/Stil: Zolas Objektivitätsideal steht im Widerspruch zu seiner Wertschätzung des subjektiven Stils. Seine berühmte Formel: „Une œuvre d'art est un coin de la création vu à travers un tempérament" benennt das Dilemma jeder „wissenschaftlichen" Kunst, ohne es zu lösen.

Determinismus/Freiheit des Künstlers: Gemäß der Zolaschen Anthropologie ist der Mensch biologisch und sozial determiniert, so dass er keinerlei Freiheit in seinem Handeln besitzt. Einzig die naturalistischen Autoren scheinen von diesem Determinismus ausgenommen zu sein, da sie nicht nur um die Fatalität menschlichen Handelns wissen, sondern sie zugleich in der ästhetischen Gestaltung überwinden.

Techniken

Kontrasttechnik: Um seinen engagierten Anspruch in literarische Praxis umzusetzen, bedient sich Zola einer Reihe von Kontrasttechniken, in denen das Leben unterschiedlicher sozialer Milieus in vergleichbaren Situationen unmittelbar nacheinander geschildert wird. Aus dem Gegensatz von Arm und Reich soll die Empörung des Rezipienten erwachsen.

Stilmischung: Zola kombiniert ein breites Spektrum von Fachsprachen und verknüpft unterschiedliche Sprachniveaus: Der gehobene *style indirect libre,* den er von Flaubert übernommen hat, steht unmittelbar neben umgangssprachlichen Argot-Äußerungen.

Mythisierung: Zola generalisiert die von ihm geschilderten partikularen Schicksale durch eine mythische Überhöhung einzelner Protagonisten. So wird beispielsweise Nana im gleichnamigen Roman als Goldfliege *(mouche d'or)* bezeichnet, die ihren verderblichen Einfluss überall geltend macht. Tag und Nacht versinnbildlichen nicht nur in *Germinal* den romanesken Konflikt.

Hauptwerke

L'Assommoir (1877), Roman. Von ihrem Liebhaber Lantier verlassen, schlägt sich die Wäscherin Gervaise Macquart mit ihrem unehelichen Kind durchs Leben. Sie heiratet den anständigen Arbeiter Coupeau und verlebt einige glückliche Jahre. Als Coupeau durch einen Unfall arbeitsunfähig wird, verfällt er dem Alkohol und stürzt die Familie ins Unglück und den finanziellen Ruin. In dieser Situation taucht erneut Lantier auf und eröffnet eine *ménage à trois.* Gervaises kleinbürgerliche Moral verfällt zusehends. Nach Coupeaus alkoholbedingtem Tod wird sie zur Prostituierten. Nach einiger Zeit wird sie gleichfalls tot unter einer Treppe aufgefunden.

Zola versuchte in seinem Roman erstmals, seine Theorie vom biologischen und sozialen Determinismus konsequent umzusetzen. Mit *L'Assommoir,* der Name einer Kneipe, schuf er den ersten Roman, der ganz im Elendsmilieu des modernen Industrieproletariats spielt. Der Roman gilt als umfassendster Ausdruck für Zolas gesellschaftlichen Pessimismus, den nicht alle Romane teilen.

Nana (1880), Roman. Nach der turbulenten Premiere des Stücks *La blonde Vénus* wird die Kokotte Nana zum Pariser Stadtgespräch, weniger aufgrund ihrer schauspielerischen als ihrer körperlichen Vorzüge. Männer aus allen sozialen Schichten können ihren Reizen nicht widerstehen. Nana führt durch ihre wechselnden Liebhaber ein aufwendig-luxuriöses Leben, bei dem sie jugendliche Heißsporne ebenso ruiniert wie Grafen und Minister. Am Ende gehen ihre Verehrer aus der höheren Gesellschaft ins Kloster, ins Gefängnis oder sie begehen sogar Selbstmord. Lediglich der Schauspieler Fontan, dem Nana ihrerseits verfallen ist, erniedrigt und quält sie, bis sie schließlich zur völlig verwahrlosten Straßenprostituierten herabsinkt und Paris verlässt. Erst kurz vor Beginn des Deutsch-Französischen Krieges kehrt sie in die Hauptstadt zurück, wo sie an Pocken erkrankt und körperlich vollkommen entstellt stirbt.

Die Titelheldin wird von Zola offen mythologisch überhöht. Sie wird als *mouche d'or* bezeichnet, die überall, wohin sie ihren Fuß setzt, Elend und Verderbnis bringt. Ihr Tod steht sinnbildlich für den Untergang des *Second Empire,* dessen scheinhafter Glanz in der Katastrophe des Deutsch-Französischen Kriegs endet.

Germinal (1885), Roman. Der arbeitslose Etienne Lantier findet eine Anstellung in einer nordfranzösischen Kohlenmine. Nachdem er zunächst in einem Gasthaus wohnt, findet er Unterkunft im Haus der Bergarbeiterfamilie Maheu. Er verliebt sich in die fünfzehnjährige Tochter Cathérine und erlebt die bittere Not der Bergleute, die den ganzen Tag unter unmenschlichen und gefährlichen Bedingungen für einen Hungerlohn arbeiten, am eigenen Leib. Er wird mit verschiedenen politischen Ideologien konfrontiert und wird zum Anführer eines großen Streiks, der jedoch nach mehreren Wochen unter dem Gewehrfeuer von Soldaten zusammenbricht. Als die Bergleute wieder in den Schacht einfahren, kommt es zur Katastrophe. Durch einen anarchistisch motivierten Terroranschlag werden zahlreiche Bergarbeiter verschüttet. Etienne, Cathérine und Chaval, der gleichfalls ein Auge auf Cathérine geworfen hat, irren in den Schächten umher. Etienne erschlägt Chaval und findet bei Cathérine Gehör. Kurz vor ihrer Rettung stirbt sie jedoch an Entkräftung in seinen Armen. Nach längerem Krankenhausaufenthalt verlässt Etienne das Dorf, um den politischen Kampf um soziale Gerechtigkeit aufzunehmen.

Der Roman ist wegen der Schilderung von Massenszenen und seiner Kontrasttechniken berühmt geworden, in denen er das Leben von Arm und Reich einander gegenüberstellt. Zolas Auffassung ist, dass die wirtschaftliche Not für den moralischen Verfall verantwortlich ist, was sich stilistisch in einem mancherorts aufdringlichem Pathos dokumentiert.

Textbeispiel *Le roulement de tonnerre approchait, la terre fut ébranlée, et Jeanlin galopa le premier, soufflant dans sa corne.*

– Prenez vos flacons, la sueur du peuple qui passe! murmura Négrel, qui, malgré ses convictions républicaines, aimait à plaisanter la canaille avec les dames.

Mais son mot spirituel fut emporté dans l'ouragan des gestes et des cris. Les femmes avaient paru, près d'un millier de femmes, aux cheveux épars, dépeignés par la course, aux guenilles montrant la peau nue, des nudités de femelles lasses d'enfanter des meurt-de-faim. Quelques-unes tenaient leur petit entre les bras, le soulevaient, l'agitaient, ainsi qu'un drapeau de deuil et de vengeance. D'autres, plus jeunes, avec des gorges gonflées de guerrières, brandissaient des bâtons; tandis que les vieilles, affreuses, hurlaient si fort, que les cordes de leurs cous décharnés semblaient se rompre. Et les hommes déboulèrent ensuite, deux mille furieux, des galibots, des haveurs, des raccommodeurs, une masse compacte qui roulait d'un seul bloc, serrée, confondue, au point qu'on ne distinguait ni les culottes déteintes, ni les tricots de laine en loques, effacés dans la même uniformité terreuse. Les yeux brûlaient, on voyait seulement les trous des bouches noires, chantant la Marseillaise, dont les strophes se perdaient en un mugissement confus, accompagné par le claquement des sabots sur la terre dure. Au-dessus des têtes, parmi le hérissement des barres de fer, une hache passa, portée toute droite; et cette hache unique, qui était comme l'étendard de la bande, avait, dans le ciel clair, le profil aigu d'un couperet de guillotine.

– Quels visages atroces! balbutia Mme Hennebeau. Négrel dit entre ses dents:

– Le diable m'emporte si j'en reconnais un seul! D'où sortent-ils donc, ces bandits-là?

Et, en effet, la colère, la faim, ces deux mois de souffrance et cette débandade enragée au travers des fosses, avaient allongé en mâchoires de bêtes fauves les faces placides des houilleurs de Montsou. A ce moment, le soleil se couchait, les derniers rayons, d'un pourpre sombre, ensanglantaient la plaine. Alors, la route sembla charrier du sang, les femmes, les hommes continuaient à galoper, saignants comme des bouchers en pleine tuerie.

– Oh! superbe! dirent à demi-voix Lucie et Jeanne, remuées dans leur goût d'artistes par cette belle horreur.

Elles s'effrayaient pourtant, elles reculèrent près de Mme Hennebeau, qui s'était appuyée sur une auge. L'idée qu'il suffisait d'un regard, entre les planches de cette porte disjointe, pour qu'on les massacrât, la glaçait. Négrel se sentait blêmir, lui aussi, très brave d'ordinaire, saisi là d'une épouvante supérieure à sa volonté, une de ces épouvantes qui soufflent de l'inconnu. Dans le foin, Cécile ne bougeait plus. Et les autres, malgré leur désir de détourner les yeux, ne le pouvaient pas, regardaient quand même.

C'était la vision rouge de la révolution qui les emporterait tous, fatalement, par une soirée sanglante de cette fin de siècle. Oui, un soir, le peuple lâché, débridé, galoperait ainsi sur les chemins; et il ruissellerait du sang des bourgeois, il promènerait des têtes, il sèmerait l'or des coffres éventrés. Les femmes hurleraient, les hommes auraient ces mâchoires de loups, ouvertes pour mordre. Oui, ce seraient les mêmes guenilles, le même tonnerre de gros sabots, la même cohue effroyable, de peau sale, d'haleine empestée, balayant le vieux monde, sous leur poussée débordante de barbares. Des incendies flamberaient, on ne laisserait pas debout une pierre des villes, on retournerait à la vie sauvage dans les bois, après le grand rut, la grande ripaille, où les pauvres, en une nuit, efflanqueraient les femmes et videraient les caves des riches. Il n'y aurait plus rien, plus un sou des fortunes, plus un titre des situations acquises, jusqu'au jour où une nouvelle terre repousserait peut-être. Oui, c'étaient ces choses qui passaient sur la route, comme une force de la nature, et ils en recevaient le vent terrible au visage.

Un grand cri s'éleva, domina la Marseillaise:

– Du pain! du pain! du pain!

aus: EMILE ZOLA, „Germinal", V, 5

Kommentar

Der Textauszug schildert eine Massenszene, in der sich sowohl Zolas soziales Engagement als auch seine stilistische Kunstfertigkeit zeigt. Die zunehmende Brutalisierung des Bergarbeiterstreiks wird stilistisch dadurch untermauert, dass er mit Naturgewalten verglichen wird *(tonnerre, terre ébranlée, l'ouragan des gestes et des cris, force de la nature, vent terrible)*. Ein durchgängiges Bildfeld zur Beschreibung der Streikenden sind Tiermetaphern, die sich neben der Darstellung ihres Äußeren auch auf ihre Affekte beziehen *(nudité de femelles, mâchoires de bêtes fauves, mâchoires de loups)*. Die Streikenden selbst erscheinen – abgesehen von den Protagonisten – an keiner Stelle als Individuen, sondern sie werden entweder als kollektives Wesen vorgestellt *(masse compacte, un seul bloc, uniformité terreuse, la bande)* oder durch die Stilfigur der Synekdoche nur über einzelne Körperteile präsentiert *(yeux, trous des bouches noirs)*. – Zolas Engagement zeigt sich zum einen in der Kontrasttechnik, mit der er den leitmotivisch wiederholten Schrei nach Brot dem großbürgerlichen Unverständnis und den Schweiß der Streikenden den Riechfläschchen *(flacons)* der Damen in der höheren Gesellschaft gegenüberstellt. Im Symbol des Sonnenuntergangs, der als revolutionäres Vorzeichen eingeführt wird *(ensangler la plaine, charrier du sang, vision rouge de la révolution)*, verbinden sich narrative Stilistik und soziales Engagement. – Im Schlussabsatz greift Zola bei der Beschreibung der Streikenden auf das Bildinventar der Apokalypse zurück *(cohue effroyable, haleine empestée, balayant le vieux monde, incendies flamberaient)* und gibt damit dem Geschehen eine metaphysische Dimension.

Früher Sozialroman (George Sand)	Naturalistischer Roman (Emile Zola)
Paternalismus	Eigenwert des Proletariats
Klassenausgleich durch Liebe	Unüberwindbarer Klassen-gegensatz
Konservatismus	Problematisierung von Herrschaft

Vom frühen Sozialroman zum naturalistischen Roman

Contes à Ninon (1864), Erzählungen; *La laide* (1865), Drama; *Madeleine* (1865), Drama; *Le roman expérimental* (1880), romantheoretische Schrift; *Le naturalisme au théâtre, Nos auteurs dramatiques* (1881), dramentheoretischer Text; *Les trois villes* (1894, 1896, 1898), Romantrilogie; *J'accuse...!* (1898), politische Streitschrift in Form eines offenen Briefes.

Trotz des auch im 20. Jahrhundert ungebrochenen Publikumsinteresses an seinen Romanen tendiert sowohl die marxistische als auch die bürgerliche Literaturkritik dazu, Zola ästhetisch abzuwerten und ihm literarische Zweitklassigkeit zu unterstellen:

Das negative Urteil der **marxistischen Literaturkritik** geht auf einen Brief FRIEDRICH ENGELS an Miss Harkness aus dem Jahre 1888 zurück, in dem dieser Balzac als realistischen Autor lobt und seine Auffassung dadurch unterstreicht, dass er ironische Bemerkungen über dessen „Konkurrenten" Zola macht. GEORG LUKÁCS untermauerte Engels Urteil, indem er feststellt, dass Zola der Aufgabe des Romans, gesellschaftliche Praxis zu entdecken, aufgrund seiner fehlenden weltanschaulichen Überzeugungen nicht gerecht werden konnte. Seine Einschätzung lebt in der materialistischen Literaturkritik bis heute fort.

Seitens der **bürgerlichen Literaturkritik** wird Zola in erster Linie wegen seiner wissenschaftlichen Ambitionen abgewertet. Innerhalb des bürgerlichen Literatur- und Kunstverständnisses, das von der Unabhängigkeit und Autonomie der Kunst ausgeht, kann sich ein Autor wie Zola, der sich nicht nur als Künstler, sondern zugleich auch als Wissenschaftler und darüber hinaus als engagierter „politischer" Schriftsteller versteht, nur geringer Wertschätzung erfreuen.

4 Guy de Maupassant

HENRI-RENÉ-ALBERT GUY DE MAUPASSANT (1850–1893) entstammt einer alten französischen Adelsfamilie. Nach dem Besuch der Schule in der Normandie, einem abgebrochenen Jurastudium in

Paris und dem Dienst in der Armee arbeitete er als Beamter im Marine- und später im Kultusministerium. Nach lyrischen und dramatischen Versuchen reüssierte er vor allem mit seinen rund 260 Novellen. Daneben schrieb er sechs Romane, die vom Publikum überwiegend positiv aufgenommen wurden. Als Schüler Flauberts teilt Maupassant in seinen Werken dessen abgründigen Pessimismus. Den naturalistischen Gegenwartsstoffen stellte er ab Mitte der 80er-Jahre phantastische Motive an die Seite. 1891 fiel er infolge einer Syphiliserkrankung in geistige Umnachtung und starb 1893 nach einem missglückten Selbstmordversuch.

Stoffe/ Motive

- Konfrontation verschiedener sozialer Milieus
- Sexuelles Begehren und Eifersucht
- Widerspruch von (moralischem) Sein und Schein
- Angstgefühle und Depressionen

Ästhetik

Maupassant hat keine zusammenhängende Ästhetik und kein umfassendes literarisches Programm verfasst. Seine ästhetischen Überzeugungen müssen deshalb aus Vorworten und anderen kurzen Texten rekonstruiert werden.

Details: Für Maupassant ist der Künstler ein Manipulator der Wirklichkeit. Aus einer großen Menge kleiner Details, die der Wirklichkeit entnommen sind, kombiniert er ein neues Wirklichkeitsmodell, das den Anschein vollständiger Realität erzeugt und die erfahrbare Realität an Authentizität sogar übertrifft. Maupassant nennt dies selbst das „Wahr machen": „Faire vrai consiste donc à donner l'illusion complète du vrai [...]" (Maupassant, *Le Roman*).

Phantastik: Der detailverliebte Naturalismus Maupassants steht keineswegs im Widerspruch zu seinen Erzählwerken phantastischer Natur: Insofern, als das Phantastische dadurch definiert ist, dass es in die gewohnte Wirklichkeit „einbricht", erscheint der narrative Realismus sogar als Bedingung der Möglichkeit von phantastischer Literatur.

Formen

Novelle: Als epische Darstellungsformen wählte Maupassant neben dem Roman vor allem die Novelle. Zu ihren Gattungsmerkmalen zählt ein einfacher Konflikt ohne Nebenhandlung, ein zentrales Ereignis, das den Wendepunkt des Geschehens bildet und ein geschlossenes Ende, in dem alle Konfliktlinien nach dem Grundsatz der Kausalität zu einem überraschenden Ende geführt werden. Die Sprache der Novelle, deren Wurzeln oralen Ursprungs sind, ist schmucklos und sachlich. Häufig sind leitmotivische Wiederholungen anzutreffen. – Zusammengefasst ergibt sich ein widersprüchliches Gattungsprofil, das mit bestimmten Techniken überwunden werden kann:

Gattungsprofil der Novelle

| Folgerichtigkeit Realitätsnähe Normalität | ⟶ ⟵ | Spannung Höhepunkt Unerhörtes |

Lösungen zur Überwindung der Widersprüche:
1. Darstellung typischer Fälle in exotischer Umgebung
2. Wahrscheinlichkeit liegt in der Darstellung
3. Alltägliches wird außergewöhnlich motiviert

Widersprüchliches Gattungsprofil der Novelle

Roman: In seinem ausführlichen Vorwort zu seinem Roman *Pierre et Jean* unterscheidet Maupassant den traditionellen *roman d'analyse* vom *roman objectif*, den er selbst vorlegen möchte. Die beiden Romanformen unterscheiden sich hinsichtlich der Erwartungen, die an den Autor gerichtet werden, der Form des jeweiligen Realitätsbezugs und der erwarteten Rezeptionshaltung.

	Roman d'analyse (Tradition)	Roman objectif (Modernité)
Künstler	imagination et observation; analyse psychologique	éviter l'explication compliqué; sincérité et vraisemblance
Realitätsbezug	vision déformé; exceptions; points culminants; effets; crises	vérité; événements quotidiens; transitions naturelles; état normal
Rezeption	plaire; émouvoir	forcer à penser

Romantypologie nach Maupassant

Hauptwerke

La parure (1884), Novelle. Die einfache Beamtengattin Mme Loisel ist mit ihrer sozialen Rolle und der täglichen Monotonie ihres Lebens unzufrieden. Eine Einladung zu einem offiziellen Ball verheißt ihr Abwechslung. Sie kauft teure Kleider und leiht sich ein wertvolles Schmuckstück bei ihrer Freundin Mme Forestier. Für Mme Loisel wird der gesellschaftliche Auftritt zu einem großen Erfolg. Als der Ball endet, brechen die Loisels übereilt auf, damit die anwesende Gesellschaft sie nicht in ihrer bescheidenen Übergarderobe sieht. In ihrer Eile verliert Mme Loisel das Schmuckstück. Das Ehepaar hält den Verlust geheim und ist gezwungen, sich hoch zu verschulden, um es zu ersetzen. Als sie nach jahrelanger harter Arbeit die Schulden abbezahlt haben, offenbart sich Frau Loisel ihrer Freundin und muss zu ihrem Entsetzen erfahren, dass es sich bei dem geliehenen Schmuckstück nur um eine billige Imitation gehandelt hat.

La parure verkörpert exemplarisch die Gattungsmerkmale der Novelle: Innerhalb einer lückenlosen Kausalkette wird auf ein zentrales Ereignis – den Verlust des Schmuckstücks – hingearbeitet. Im Rahmen des Ereignisprimats ergeben sich alle Handlungen aus Geschehnissen, die leitmotivisch durch den Kontrast von elegantem und ärmlichem Aussehen verknüpft werden.

Elle (Mme Loisel, d. Verf.) fut simple, ne pouvant être parée, mais malheureuse comme une déclassé; car les femmes n'ont point de caste ni de race, leur beauté, leur grâce et leur charme leur servant de naissance et de famille. Leur finesse native, leur instinct d'élégance, leur souplesse d'esprit sont leur seule hiérarchie, et font des filles du peuple des plus grandes dames. – Elle souffrait sans cesse, se sentant née pour toutes les délicatesses et tous les luxes. Elle souffrait de la pauvreté de son logement, de la misère des murs, de l'usure des sièges, de la laideur des étoffes. Toutes ces choses, dont une autre femme de sa caste ne se serait même pas aperçue, la torturaient et l'indignaient. La vue de la petite Bretonne qui faisait son humble ménage éveillait en elle des regrets désolés et des rêves éperdus.
[...]
Le jour de la fête arriva. Mme Loisel eut un succès. Elle était plus jolie que toutes, élégante, gracieuse, souriante et folle de joie. Tous les hommes-là regardaient, demandaient son nom, cherchaient à être présentés. Tous les attachés du cabinet voulaient valser avec elle. Le ministre la remarqua. – Elle dansait avec ivresse, avec emportement, grisée par le plaisir, ne pensant plus à rien, dans le triomphe de sa beauté, dans la gloire de son succès, dans une sorte de nuage de bonheur fait de tous ces hommages, de toutes ces admirations, de tous ces désirs éveillés, de cette victoire si complète et si douce au cœur des femmes.
[...]
Au bout de dix ans, ils avaient tout restitué, tout avec le taux de l'usure, et l'accumulation des intérêts superposés. – Mme Loisel semblait vieille, maintenant. Elle était devenue la femme forte, et dure, et rude, des ménages pauvres. Mal peignée, avec les jupes de travers et les mains rouges, elle parlait haut, lavait à grande eau les planchers.
aus: Guy de Maupassant, „La parure"

Die drei kurzen Textauszüge beschreiben verschiedene Phasen im Leben der Protagonistin. Sie sind leitmotivisch durch die Begriffsoppositionen *pauvre/riche* und *bonheur/malheur* verknüpft. Im ersten Abschnitt wird die Lebenswelt Mme Loisels mit den Begriffen *pauvreté, misère, l'usure* und *laideur* beschrieben, dem ihre Stimmung *(malheur, souffrance, torture)* entspricht. – Auf dem Ball ändert sich dies grundlegend: Der Erzähler beschreibt ihre Situation hier als *triomphe, gloire, succès* und als *victoire*. Die Protagonistin quittiert diese Erfahrung mit einem grundlegenden Stimmungswandel *(folle de joie, ivresse, emportement, plaisir).* – Im dritten Abschnitt schließlich hat sich die ursprüngliche Armut verschärft, was an der Physiognomie Mme Loisels verdeutlicht wird *(vieille, forte, dur, rude, mal peignée, mains rouges)*. Der Erzähler verzichtet an dieser Stelle vollkommen darauf, auf die inneren Empfindungen der Protagonistin einzugehen, weil diese vom Rezipienten leicht ergänzt werden können.

Das Verhalten und die Emotionen der Protagonistin sind vollständig fremdbestimmt: Ihr anfängliches Leiden wird als Ergebnis ihrer sozialen Geltungssucht beschrieben und ihre kurze Glückserfahrung während des Balls geht ausschließlich auf die interessierte Aufmerksamkeit der anderen Gäste zurück. Ihr Charakter zeigt keine differenzierte Struktur: Sie reagiert ausschließlich auf äußerliche Reize, was einen narrativen Handlungsprimat bedingt. – Mit der Darstellung alltäglicher Normalität, der leitmotivischen Kohärenzbildung und dem Handlungsprimat dokumentiert der Text in exemplarischer Weise das Gattungsprofil der Novelle.

Hauptwerke

Bel-Ami (1885), Roman. Georges Duroy, der Sohn eines Bauern, kommt nach Paris, leiht sich einen Frack und wird in die Gesellschaft eingeführt. Trotz bescheidener Geistesgaben sind vor allem die Damen von seinem Charme begeistert und nennen ihn Bel-Ami. Mit ihrer Unterstützung, seinen Verführungskünsten und einem ausgeklügelten Intrigenspiel gelingt Duroy ein kometenhafter Aufstieg, der ihn reich und zum Chefredakteur einer angesehenen Pariser Zeitung macht.

Der Roman hatte einen überwältigenden Erfolg und erlebte in kurzer Zeit mehr als dreißig Auflagen. Duroy kennt keine moralischen Skrupel, sein Ansehen beruht ausschließlich auf inszeniertem Schein und nicht auf persönlichen Qualitäten.

Le Horlà (1887), Erzählung. In Form von fiktiven Tagebuchaufzeichnungen beschreibt Maupassant das Krankheitsbild der Besessenheit. Im Verlauf von Fieberanfällen und depressiven Schüben glaubt das erzählende Ich, von einer fremden unsichtbaren Macht beherrscht zu werden, die ihm ihren Willen aufzwingt. Mit präzis-detailgetreuen Darstellungen werden Indizien in einer Weise verknüpft, die nur den Schluss zulassen, dass das erzählende Ich langsam von einem Vampir ausgelöscht wird. In einem Anfall von Wahnsinn zündet der Gepeinigte sein Haus an, um sich von seinem Peiniger zu befreien.

Die Darstellungsweise deutet darauf hin, dass Maupassant in der Novelle eigene Erfahrungen verarbeitet hat. Als naturalistischer Autor interessiert er sich besonders für Psychosen, Schwermut und Wahnsinnszustände, deren genaue Analyse er mit Darstellungstechniken verknüpft, die der phantastischen Literatur und dem Schauerroman entliehen sind.

5 juillet – Ai-je perdu la raison? Ce qui s'est passé, ce que j'ai vu la nuit dernière est tellement étrange, que ma tête s'égare quand j'y songe!

Comme je le fais maintenant chaque soir, j'avais fermé ma porte a clef; puis, ayant soif, je bus un demiverre d'eau, et je remarquai par hasard que ma carafe était pleine jusqu'au bouchon de cristal.

Je me couchai ensuite et je tombai dans un de mes sommeils épouvantables, dont je fus tiré au bout de deux heures environ par une secousse plus affreuse encore.

Figurez-vous un homme qui dort, qu'on assassine, et qui se réveille avec un couteau dans le poumon, et qui râle couvert de sang, et qui ne peut plus respirer, et qui va mourir, et qui ne comprend pas – voilà.

Ayant enfin reconquis ma raison, j'eus soif de nouveau; j'allumai une bougie et j'allai vers la table où était posée ma carafe. Je la soulevai en la penchant sur mon verre; rien ne coula. – Elle était vide! Elle était vide complètement! D'abord je n'y compris rien; puis, tout à coup, je ressentis; une émotion si terrible, que je dus m'asseoir, ou plutôt que je tombai sur une chaise! puis, je me redressai d'un saut pour regarder autour de moi! puis je me rassis, éperdu d'étonnement et de peur, devant le cristal transparent! Je le contemplais avec des yeux fixes, cherchant à deviner. Mes mains tremblaient! On avait donc bu cette eau? Qui? Moi? moi, sans doute? Ce ne pouvait être que moi? Alors. j'étais somnambule, je vivais, sans le savoir, de cette double vie mystérieuse qui fait douter s'il y a deux êtres en nous, ou si un être étranger, inconnaissable et invisible, anime, par moments, quand notre âme est engourdie, notre corps captif qui obéit à cet autre, comme à nous-mêmes, plus qu'a nous mêmes.

Ah! qui comprendra mon angoisse abominable? Qui comprendra l'émotion d'un homme, sain d'esprit, bien eveillé, plein de raison et qui regarde épouvanté, à travers le verre d'une carafe, un peu eau disparue pendant qu'il a dormi! Et je restai là jusqu'au jour, sans oser regagner mon lit.

6 juillet. – Je deviens fou. On a encore bu toute ma carafe cette nuit; – ou plutôt, je l'ai bue!

Mais, est-ce moi? Est-ce moi? Qui serait-ce? Qui? Oh! mon Dieu! Je deviens fou? Qui me sauvera?

10 juillet. – Je viens de faire des épreuves surprenantes.

Décidément, je suis fou! Et pourtant.

Le 6 juillet, avant de me coucher, j'ai placé sur ma table du vin, du lait, de l'eau, du pain et des fraises.

On a bu – j'ai bu – toute l'eau, et un peu de lait. On n'a touché ni au vin, ni aux fraises.

Le 7 juillet, j'ai renouvelé la même épreuve, qui a donné le même résultat.

Le 8 juillet, j'ai supprimé l'eau et le lait. On n'a touché à rien.

Le 9 juillet enfin, j'ai remis sur ma table l'eau et le lait seulement, en ayant soin d'envelopper les carafes en des linges de mousseline blanche et de ficeler les bouchons. Puis, j'ai frotté mes lèvres, ma barbe, mes mains avec de la mine de plomb. et je me suis couché.

L'invincible sommeil m'a saisi, suivi bientôt de l'atroce réveil. Je n'avais point remué; mes draps eux-mêmes ne portaient pas de taches. Je m'élançai vers ma table. Les linges enfermant les bouteilles étaient demeurés immaculés. Je déliai les cordons, en palpitant de crainte. On avait bu toute l'eau! on avait bu tout le lait! Ah! mon Dieu!...
Je vais partir tout à l'heure pour Paris.
aus: GUY DE MAUPASSANT, „Le Horlà"

Kommentar

Maupassant versucht in seiner Erzählung, mit verschiedenen narrativen Mitteln den Eindruck von Unmittelbarkeit zu erzeugen: In Form von Tagebucheintragungen führt der Ich-Erzähler ein Selbstgespräch, in dem er äußerliche Erfahrungen schildert, diese reflektiert und sich zugleich selbst beobachtet. Sein monologisierendes Erzählen wird allein durch einige Leseransprachen unterbrochen *(Figurez-vous un homme..., Qui comprendra mon angoisse abominable?)*. Das schnelle Erzähltempo wird durch die häufige Verwendung kurzer Hauptsätze, der Kleinschreibung nach Satzanfängen und zahlreiche Ausrufe *(On avait donc bu cette eau? Qui? Moi? moi sans doute? Ce ne pouvait être que moi?)* unterstrichen. Dargestellt wird ein banales Ereignis, das erst durch die Auslegung des Erzählers geheimnisvoll und unheimlich wird. Mit Hilfe der Ich-Erzählsituation wird die skeptische Einstellung des Rezipienten unterlaufen, indem der Erzähler selbst massive Zweifel an seinen Wahrnehmungen und seinem Geisteszustand anmeldet und gerade dadurch an Glaubwürdigkeit und Autorität gewinnt. Seine Handlungsweise entspricht der eines wissenschaftlichen Experimentators, der Hypothesen bildet und Versuchsanordnungen konstruiert, die als falsifizierende Ausschlussverfahren letztlich nur eine erschreckende Erklärung zulassen, die vom Rezipienten akzeptiert werden muß. Der Erzähler reagiert auf seine Erkenntnis mit der Flucht nach Paris.

Hauptwerke

Des vers (1880), Gedichtsammlung; *Histoire du vieux temps* (1880) Drama; *Une vie* (1883), Roman; *Mont-Oriol* (1887), Roman; *Pierre et Jean,* Roman; (1888) *Fort comme la mort* (1889), Roman; *Notre cœur* (1890), Roman.

KAPITEL 4   Massen- und Trivialliteratur

1 Forschung

**Forschungs-
ansätze**

Die Forschung zum Verhältnis von hoher und niederer Literatur ist in Deutschland ungleich intensiver als in Frankreich, wenn das Interesse auch in den vergangenen Jahren spürbar nachgelassen hat. Dabei können vier Gruppen von Fragestellungen unterschieden werden:

Phänomenologischer Ansatz: Es wird versucht, Trivialliteratur textimmanent von der „Höhenkammliteratur" abzugrenzen. Dabei berufen sich die Interpreten auf die Verwendung literarischer Techniken, die das Ziel haben, Effekte durch flüchtig-oberflächliche Reize zu kumulieren, dargestellte Gegenstände oder Personen ins Preziöse zu überhöhen und Gut/Böse-Schematisierungen herzustellen. Triviale Kunstwerke sind hier durch die stereotype Wiederholung standardisierter narrativer Muster beschrieben.

Semiotischer Ansatz: Im Rahmen dieses Ansatzes werden Konfliktstrukturen und personale Konfigurationen verschiedener Werke miteinander verglichen und nach dem Stand ihrer literaturhistorischen Entwicklung und dem Grad ihrer Komplexität beurteilt: Je höher der Komplexitätsgrad einer narrativen Struktur ist, desto größer ist seine ästhetische Qualität.

Historisch-materialistischer Ansatz: Es wird versucht, die Entstehung und Verbreitung von Massenliteratur durch historisch-gesellschaftliche Rahmenbedingungen zu erklären. Dabei wird zumeist besonderer Wert auf die systemstabilisierende Wirkung trivialer Texte gelegt, die der jeweils herrschenden Ideologie affirmativ gegenüberstehen und kritische Reflexion im Keim ersticken.

Rezeptionsästhetischer Ansatz: Nach dem von HANS-ROBERT JAUSS entwickelten Beschreibungsmodell des Erwartungshorizonts zeichnen sich qualitativ hochstehende Werke dadurch aus, dass sie den Voreinstellungen des Rezipienten widersprechen und seinen Erwartungshorizont nachhaltig verändern. Triviale Kunst bestätigt demgegenüber die vorgefassten Einstellungen der Leser und verändern weder seine ästhetischen noch seine politisch-moralischen Anschauungen. – Jauß' Modell orientiert sich dabei deutlich am Innovationszwang der Moderne und ist nur bedingt auf frühere Kunstepochen übertragbar.

② Dichotomisierung

Ursachen

Das Alter der Trivialliteratur hängt von den Kriterien seiner Definition ab. Ästhetisch minderwertige Werke gab es zu allen Zeiten. Für zahlreiche Literaturwissenschaftler gilt bereits die mittelalterliche Unterhaltungsliteratur als trivial. Andere stellen Trivialität in einen unauflöslichen Zusammenhang mit der bürgerlichen Gesellschaft. Die rasche Verbreitung und die breite Rezeption von Trivialliteratur im 19. Jahrhundert ist jedoch allgemein unbestritten. Hierzu waren neben ideologischen und gesellschaftlichen Voraussetzungen auch ein bestimmtes Subjekt und ein bestimmter Entwicklungsstand der literarischen Tradition erforderlich, die in dieser Epoche zusammenkamen.

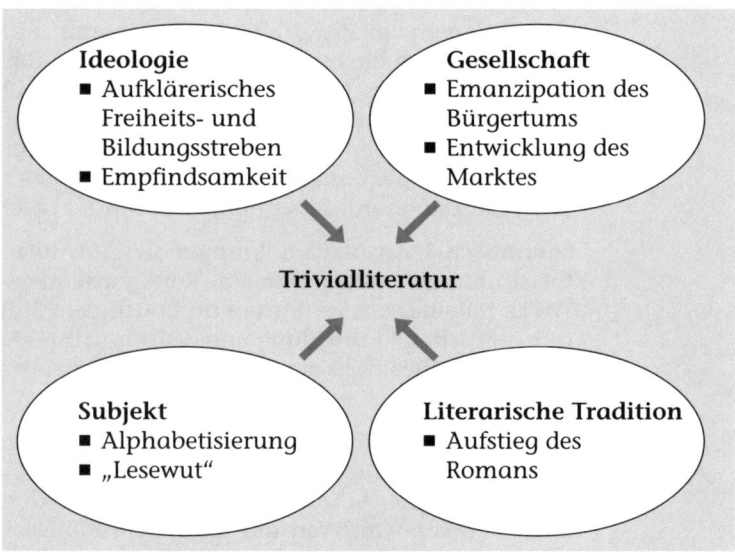

Historische Voraussetzungen zur Entstehung von Trivialliteratur

Definitionen

Aus der Vielzahl unterschiedlicher Ansätze zur Definition von Trivialliteratur können hier nur einzelne signifikante Positionen skizziert werden:

Kommunikationsverlust: ERICH KÖHLER beschreibt das Auseinandertreten von hoher Literatur und Trivialliteratur (Dichotomisierung) als Ergebnis eines rezeptionsästhetischen Prozesses, bei dem der „Kommunikationsverlust zwischen Schriftsteller und Publikum" (vgl. Köhler [1987: 128]) einerseits einen kritischen Realismus erzeugt, der keine Rücksicht auf den Rezipienten nimmt; andererseits Werke, die sich dem Publikumsgeschmack anpassen und zur Konsumliteratur herabsinken.

Gebrauchswert und Warenwert: GÜNTER WALDMANN unterscheidet „hohe Literatur" und Trivialliteratur nach den Kriterien von Gebrauchswert und Warenwert. Hinsichtlich ihres Gebrauchswerts zeigen Werke „hoher Literatur" das kulturelle, bzw. soziale Prestige des Lesers, befriedigen seine ästhetischen Bedürfnisse und setzen sich kritisch mit der sozialen Umwelt auseinander. Der Gebrauchswert von Trivialliteratur besteht demnach in der durch sie gebotenen Unterhaltung und der damit verbundenen Befriedigung ästhetischer Bedürfnisse sowie ihrer normativen Orientierungsleistung für den Rezipienten, die zumeist affirmativ im Sinne der Anpassung an bestehende Verhältnisse ist. – Hinsichtlich des Warenwerts garantiert Trivialliteratur großen Profit durch rationelle Produktions- und Distributionsmechanismen, was auf „hohe Literatur" nicht zutrifft (vgl. Waldmann [1973: 103 f.; 106 f.; 116–118]).

Wandel des Erwartungshorizonts: HANS-ROBERT JAUSS bestimmt die Differenz beider Literaturformen rezeptionsästhetisch durch den durch sie bewirkten Wandel in den Erwartungshaltungen der Leserinnen und Leser. Während Werke hoher Literatur die Voreinstellungen und Erwartungen des Rezipienten übertreffen, bisweilen seinen Erwartungshorizont sogar sprengen, bestätigen Werke der Trivialliteratur die vorab gefassten Einstellungen (vgl. Jauß [1970: 177 ff.]).

Äußerliche Merkmale

Bereits STENDHAL wies in einer Rezension auf die Bedeutung des Buchformats für die literarische Wertung hin und unterschied das kleine Duodezformat des „roman pour les femmes de chambre" vom Oktavformat der Romane, die in anerkannten Salons gelesen wurden. Daneben entschieden aber auch die Publikationsform, die Aufmachung des Umschlags, der Preis und das behandelte Sujet frühzeitig über die Anerkennung eines Romans.

Typologie

Die französischen Literaturwissenschaftler RAYMOND JEAN und CLAUDE PICHOIS gliederten in den 1970er Jahren die Fülle der in den Jahren 1840 bis 1880 in Frankreich erschienenen Populärromane in fünf Gruppen:

Ideologischer Roman: In den Texten von SUE, SOULIÉ und SOUVESTRE werden soziale Verhaltensweisen thematisiert und zumeist im Sinne geltender Moralvorstellungen ausgeführt.

Utopischer Roman: Als herausragender Vertreter dieser Literaturform thematisiert JULES VERNE (1828–1905) die Möglichkeiten und Bedrohungen des technischen Fortschritts.

Historischer Roman: Vor pittoresk-historischem Hintergrund verfassen beispielsweise ERCKMANN-CHATRIAN und PONSON DU TERRAIL sentimentale Mantel- und Degenromane.

Kriminalroman: In dieser neuen Form muss ein zentraler Protagonist im Dschungel der Großstadt Kriminalfälle lösen und Verbrecher jagen. Als bekannte Vertreter seien PAUL FÉVAL (1817–1887), GASTON LEROUX (1868–1927) und MAURICE LEBLANC (1864–1941) genannt.

Humoristisch-sentimentaler Roman: In belustigender Darstellung werden amüsante literarische Typen und komische Situationen zum Zweck der Unterhaltung der Rezipienten kombiniert. So bei PAUL DE KOCK (1793–1871), OCTAVE FEUILLET (1821–1890) und XAVIER DE MONTÉPIN (1824–1902).

Feuilleton

Das Zeitungsfeuilleton darf als institutionelle Voraussetzung der Entstehung von Massenliteratur gelten. Erst in der zweiten Jahrhunderthälfte wurde die Presse durch neue Drucktechniken (1867 erfand MARINONI den Rotationsdruck), verbesserte Vertriebswege und geringere Kosten zu einem Massenmedium. Zahlreiche Autoren, darunter auch BALZAC, LAMARTINE und EUGÈNE SUE, verdienten ihren Lebensunterhalt durch Fortsetzungsromane. Ihre Werke sind in vielfältiger Hinsicht durch ihre Publikationsweise geprägt: Am Ende jedes Abschnitts weisen sie einen Spannungshöhepunkt auf, um die Leser zur weiteren Lektüre zu motivieren. Der Stil wird häufig wegen kurzfristiger Liefertermine vernachlässigt, und lange Dialoge mit jeweils kurzen Äußerungen erlauben, eine hohe Seitenzahl rasch fertigzustellen. Die Romane wurden darüber hinaus mit anstößigen Illustrationen versehen, die beim gebildeten Publikum nicht selten mehr Kritik hervorriefen als die Romane selbst. Durch die episodische und periodische Erscheinungsweise werden Rückwirkungen der Leserreaktion auf den Fortgang der Handlung möglich, die in Einzelfällen von der Forschung nachgewiesen werden konnten.

Stoffe/ Motive

Zu den beliebtesten und verbreitetsten Themen des Populärromans im 19. Jahrhundert zählen:
- das Labyrinth, aus dem sich der Held einen Ausweg bahnt
- das unübersichtliche Dickicht der modernen Großstadt
- Verbrechen und nächtliche Verfolgungen
- die verfolgte Unschuld, die sich gegen überlegene Gegner wehrt
- das verwunschene Schloß in der Tradition des Schauerromans
- die pittoreske Welt der Lebenskünstler und Außenseiter
- *mésalliance* (Liebe überwindet Standesgrenzen)

Moral

Die trivialen Werke dieser Epoche thematisieren häufig Berührungspunkte zwischen der geordneten bürgerlichen Welt und der *demi-monde*. Die Konfrontation verfolgt hier jedoch keine kritischen Absichten, sondern steht im Zeichen des Genusses am Verbotenen. In der Regel werden bürgerliche Normen und Wertvorstellungen am Ende der Handlung bestätigt.

3 Gattungen

Epik

Bei der Betrachtung von Massenliteratur steht der Roman an wichtigster Stelle. Als Kolportageliteratur, d. h. als massenhaft verbreiteter billiger Lesestoff für die Provinz, knüpft er vielfach an Traditionen des Abenteuer- und des Schauerromans an und entfaltet trotz langwieriger Handlungen eine auf kurzatmige Spannungsmomente angelegte Wirkung.

Dramatik

In der Zeit von 1820 bis 1850 sind auf französischen Bühnen zahlreiche sog. *pièces bien faites* anzutreffen. Hierbei handelt es sich um ganz auf Bühneneffekte und Pointen hin angelegte Stücke, die in der Forschung auch als Sittendrama oder Intrigenkomödie bezeichnet werden. Zu den bevorzugten Themen gehören Ehebruch und Liebesaffären, bei denen die bürgerliche Moral des Publikums durch den Ausgang der Handlung bestätigt wird. – Zu den bekanntesten Autoren gehören neben ALEXANDRE DUMAS FILS (1824–1895) und VICTORIEN SARDOU (1831–1908) auch GEORGES FEYDEAU (1862–1921).

4 Autoren

1 Alexandre Dumas père

Zur Person

ALEXANDRE DAVY DE LA PAILLETERIE (1802–1870), gen. Dumas père, war Sohn eines Revolutionsgenerals. 1833 äußerte er sich begeistert über die Ausrufung der Republik. 1848 war er materiell ruiniert. Seine enorme literarische Produktivität brachte in erster Linie Dramen und ca. 300 Romane hervor. Die Werke entstanden zumeist in seiner Schreibwerkstatt: Dumas entwarf die groben Handlungslinien der Intrige, seine Angestellten schrieben die Texte nach stilistischen und kompositorischen Anweisungen.

Themen

- Unglückliche Liebesbeziehungen
- Übersteigerte Ausnahmehelden
- Historische Mantel- und Degenstoffe
- Motiv der „bösen Mutter"

Figuren

Das traditionelle Figurenrepertoire des Abenteuerromans, das z. B. den Typus des furchtlosen und draufgängerischen Einzelkämpfers umfasst, wird von Dumas um den Typus des „Geldhelden" erweitert, der seine Widersacher finanziell übertrumpft und so ihre moralische Verworfenheit aufdeckt (z. B. in *Le comte de Monte-Cristo*).

Historie	Dumas verstand sich selbst als Vermittler historischen Wissens an ein Massenpublikum, was er durch die Mischung von Sachinformation und Lokalkolorit realisieren wollte. Nachweislich unterlaufen ihm jedoch zahlreiche Irrtümer in der Ereignischronologie und in der Romanzeit.
Hauptwerke	*Antony* (1831), Roman. Der Titelheld, der zunächst auf Adèle verzichtete, weil ihre soziale Herkunft ungeklärt war, verliebt sich Jahre nach der Trennung erneut in die inzwischen verheiratete Frau. Beide können sich ihrer Leidenschaften nicht erwehren und leiden unter der Situation. Die tugendhafte Adèle will ihre Familie nicht verlassen und kann ihr Doppelleben doch nicht fortsetzen. Antony bringt sie schließlich um.

Dumas verlagert das Thema des Werks in die Gesellschaft seiner Zeit und kann direkt Sozialkritik üben. Die Protagonisten scheitern an der Bigotterie der bürgerlichen Gesellschaft, in der kein Platz für wahre Leidenschaften ist.

Les trois mousquetaires (1844), Abenteuerroman um den jugendlichen Provinzaristokraten d'Artagnan, der sich in Paris den königstreuen Musketieren Athos, Aramis und Portos anschließt, um die Monarchie gegen die Intrigen Richelieus zu verteidigen. Mit vereinten Kräften besiegen sie ihre hinterlistigen Gegner und d'Artagnan wird von Richelieu persönlich befördert.

In äußerst pathetischem Stil propagiert Dumas Entschlossenheit, Mut und Freundschaft als wichtige Tugenden. Die Handlung ist von der optimistischen Überzeugung getragen, dass die Tat eines Einzelnen die Geschicke des Ganzen zum Besseren wenden kann.

Georges (1843), Roman; *La reine Margot* (1845), historischer Roman; *Le comte de Monte-Cristo* (1846), historischer Roman; *Le collier de la reine* (1849), historischer Roman.

2 Alexandre Dumas fils

Zur Person	ALEXANDRE DUMAS FILS (1824–1895) war der uneheliche Sohn des o. g. Vaters, der ihn sorgfältig erziehen ließ und in die literarische Gesellschaft seiner Zeit einführte.
Themen	▪ Ehrenwerte Außenseiter ▪ Läuterung von Verbrechern und Prostituierten ▪ *Mésalliance*
Hauptwerke	*La dame au camélias* (1848). Der Roman erzählt aus rückschauender Perspektive die sentimentalische Geschichte einer bekehrten Prostituierten, die den Mann ihres Lebens kennenlernt und mit

ihrem bisherigen Leben bricht. Bevor es zur Hochzeit kommt, gelingt es dem Vater des Bräutigams, die Braut davon zu überzeugen, dass ihre Verbindung dem Ansehen der Familie schaden würde. Einsichtsvoll und unterwürfig verzichtet sie auf das gemeinsame Glück. Erst nach ihrem Tod erfährt der verschmähte Bräutigam von ihren wirklichen Motiven.

In seinem Roman verwischt Dumas fils geschickt die Grenze zwischen bürgerlichem Anstand und Prostitution, womit diese Variante des *mésalliance*-Themas ästhetisch genießbar wird. Die ehemalige Prostituierte wird dabei fast zu einer Heiligenfigur stilisiert.

Le roman d'une femme (1849), Roman; *Le demi-monde* (EA 1855), Prosakomödie in fünf Akten; *Francillon* (EA 1887), Prosaschauspiel in drei Akten.

3 Eugène Sue

Zur Person	EUGÈNE SUE (1804–1857), dessen eigentlicher Vorname Marie-Joseph lautet, ist heute in Vergessenheit geraten. Er zählt jedoch zu den meistgelesenen Autoren seiner Zeit. Er schrieb für verschiedene Zeitungen Fortsetzungsromane, die Seefahrerthemen oder Kolportagegeschichten zum Gegenstand hatten.
Themen	■ Soziales Unrecht, das durch Einzelhelden bekämpft wird ■ Gesellschaftliche Subkulturen ■ Pittoreske Armut und vorbildlich-pathetische Moral
Figuren	Den zahlreichen typisierten Figuren des realistischen Romans, die er in sein Werk übernahm, fügte Sue den Typus des sozial engagierten Räubers und des moralisierenden Zuhälters hinzu. Dabei folgt seine Protagonistendarstellung einem verbreiteten Gut/Böse-Schematismus, der stets eindeutige Zuordnungen erlaubt. Frauenfiguren erscheinen entweder als *femme fatale* oder als *femme victime* (s. S. 45).
Hauptwerke	*Les Mystères de Paris* (1842/43), früher Sozialroman um die Abenteuer den Fürsten Rodolphe, der sich in verschiedenen Situationen als Beschützer der Bedrängten und Rächer der Unschuldigen bewährt. Bei seinen episodisch aufeinander folgenden Abenteuern begegnet der Held dem Mädchen Fleur-de-Marie, das zur Prostitution gezwungen wird. Er rettet sie mehrfach aus den Händen von Kriminellen und erkennt am Ende des Romans, dass es sich bei ihr um seine verlorene Tochter handelt. Sue schildert eine ganze Palette romantischer Typisierungen, wie z. B. den ehrenhaften Räuber oder den selbstlosen Zuhälter.

Wesentliche Kennzeichen des Roman sind die Gut/Böse-Schematisierungen des Protagonistenspektrums, die Sukzession locker verbundener Handlungsteile sowie der permanente Wechsel von sentimentalen und aktionsbetonten Abschnitten.

Le juif errant (1844/45), Roman. Die mysteriöse Gesellschaft Jesu versucht, durch verschiedene Intrigen in den Besitz der Erbschaft des Hugenotten Marius de Rennepont zu gelangen, indem sie die Familienmitglieder bei der Testamentseröffnung am Erscheinen hindert. Als dies keinen Erfolg hat, werden die einzelnen Familienmitglieder von einem geheimnisvollen Pater umgebracht, bis diesen am Schluss das gleiche Schicksal ereilt und er von einem Mitwisser ermordet wird. Die Kassette mit dem Erbe geht dabei in Flammen auf.

Der Roman, der sich die bei seinem Erscheinen verbreiteten Ressentiments gegen die wieder erstarkten Jesuiten zunutze macht, ist von inhaltlichen Unstimmigkeiten, fehlenden Motivierungen und Zufällen geprägt. Seine Spannungskurven folgen der periodischen Publikation als Fortsetzungsroman.

Textvergleich Eine Gegenüberstellung motivgleicher Passagen aus Romanen von Balzac und Sue kann die Unterschiede zwischen beiden Autoren zeigen. Nach einem Abschnitt des Kapitels, in dem Père Goriot aus dem gleichnamigen Roman Balzacs stirbt, wird eine Sterbeszene aus Sues *Mystères* vorgestellt:

Text I
Le lendemain; les symptômes qui se déclarèrent chez le malade furent, suivant Bianchon, d'un favorable augure; mais ils exigèrent des soins continuels dont les deux étudiants étaient seuls capables, et dans le récit desquels il est impossible de compromettre la pudibonde phraséologie de l'époque. Les sangsues mises sur le corps appauvri du bonhomme furent accompagnées de cataplasmes, de bains de pied, de manœuvres médicales pour lesquelles il faillait d'ailleurs la force et le dévouement des deux jeunes gens. Madame de Restaud ne vint pas; elle envoya chercher sa somme par un commissionnaire.
– Je croyais qu'elle serait venue elle-même. Mais ce n'est pas un mal, elle se serait inquiétée, dit le père en paraissant heureux de cette circonstance.
[...]
Le médecin vint à huit heures et demie, et, sans donner un avis favorable, il ne pensa pas que la mort dût être imminente. Il annonça des mieux et des rechutes alternatives d'où dépendraient la vie et la raison du bonhomme.
– Il vaudrait mieux qu'il mourût promptement, fut le dernier mot du docteur.
Eugène confia le père Goriot aux soins de Bianchon, et partit pour aller porter à madame de Nucingen les tristes nouvelles qui, dans son esprit encore imbu des devoirs de famille, devaient suspendre toute joie.

– Dites-lui qu'elle s'amuse tout de même, lui cria le père Goriot qui paraissait assoupi mais qui se dressa sur son séant au moment où Rastignac sortit.

Le jeune homme se présenta navré de douleur à Delphine, et la trouva coiffée, chaussée, n'ayant plus que sa robe de bal à mettre. Mais, semblable aux coups de pinceau par lesquels les peintres achèvent leurs tableaux, les derniers apprêts voulaient plus de temps que n'en demandait le fond même de la toile.

– Eh quoi, vous n'êtes pas habillé? dit-elle.

– Mais, madame, votre père...

– Encore mon père, s'écria-t-elle en l'interrompant. Mais vous ne m'apprendrez pas ce que je dois à mon père. Je connais mon père depuis longtemps. Pas un mot, Eugène. Je ne vous écouterai que quand vous aurez fait votre toilette. Thérèse a tout préparé chez vous; ma voiture est prête, prenez-la; revenez. Nous causerons de mon père en allant au bal. Il faut partir de bonne heure, si nous sommes pris dans la file des voitures, nous serons bien heureux de faire notre entrée à onze heures.

– Madame!

– Allez! pas un mot, dit-elle courant dans son boudoir pour y prendre un collier.

– Mais, allez donc, monsieur Eugène, vous fâcherez madame, dit Thérèse en poussant le jeune homme épouvanté de cet élégant parricide.

Il alla s'habiller en faisant les plus tristes, les plus décourageantes réflexions. Il voyait le monde comme un océan de boue dans lequel un homme se plongeait jusqu'au cou, s'il y trempait le pied. – Il ne s'y commet que des crimes mesquins! se dit-il.

[...]

Sa pensée le reporta au sein de sa famille. Il se souvint des pures émotions de cette vie calme, il se rappela les jours passés au milieu des êtres dont il était chéri. En se conformant aux lois naturelles du foyer domestique, ces chères créatures y trouvaient un bonheur plein, continu, sans angoisses. Malgré ses bonnes pensées, il ne se sentit pas le courage de venir confesser la foi des âmes pures à Delphine, en lui ordonnant la Vertu au nom de l'Amour. Déjà son éducation commencée avait porté ses fruits. Il aimait égoïstement déjà. Son tact lui avait permis de reconnaître la nature du cœur de Delphine. Il pressentait qu'elle était capable de marcher sur le corps de son père pour aller au bal, et il n'avait ni la force de jouer le rôle d'un raisonneur, ni le courage de lui déplaire, ni la vertu de la quitter.

aus: HONORÉ DE BALZAC, „Le père Goriot"

Kommentar Text I

Balzac konstruiert im vorliegenden Textauszug eine Dreieckskonstellation, bei der der jugendlich-unerfahrene Eugène de Rastignac zwischen zwei Verhaltensmustern steht: der selbstlosen und aufopferungsvollen Vaterliebe des alten Goriot einerseits und dem selbstsüchtig-materialistischen Egoismus von dessen Tochter

Delphine andererseits. Da die äußere Handlung im vorliegenden Textauszug auf ein Minimum reduziert ist, muss die Interpretation bei der Personencharakterisierung ansetzen. Dabei ergibt sich folgendes Bild:

Père Goriot	Rastignac	Delphine
appauvri+, altruiste+, paternel+	force+, dévouement+, pitié+, devoirs de famille+, épouvanté+, émotions pures+, sans force-, sans courage-, sans vertu-	intérêts financiers-, intérêts amoureux-, égoiste-, soins extérieurs-

Zwischen den ausschließlich positiven Eigenschaften (+) des Père Goriot und der rein negativ gezeichneten (-) Delphine steht Rastignac als mittlerer Charakter, der sowohl positive als auch negative Eigenschaften aufweist. Seine innere Entwicklung wird durch den funktionalen Tod Goriots, der seinen Identitätskonflikt auf die Spitze treibt, beschleunigt, und der innere Konflikt wird situativ entfaltet. Durch Goriots Scheitern und Rastignacs Entwicklung werden soziale Normen und gesellschaftliche Leitbilder, wie das der Vaterfigur, kritisch in Frage gestellt.

Text II

Morel semblait étranger à ce qui se passait autour de lui; ce coup était si inattendu; les conséquences de cette arrestation lui paraissaient si épouvantables, qu'il ne pouvait y croire...
Déjà affaibli par des privations de toutes sortes, les forces lui manquaient, il restait pâle, hagard, assis sur son escabeau, affaissé sur lui-même, les bras pendants, la tête baissée sur sa poitrine...
«Ah çà! mille tonnerres! ça finira-t-il? s'écria Malicorne. Est-ce que vous croyez qu'on est à la noce ici? Marchons, ou je vous empoigne.»
Le recors mit sa main sur l'épaule de l'artisan et le secoua rudement. Ces menaces, ce geste inspirèrent une grande frayeur aux enfants; les trois petits garçons sortirent de leur paillasse à moitié nus, et vinrent, éplorés, se jeter aux pieds des gardes du commerce, joignant les mains, et criant d'une voix déchirante:
«Grâce! ne tuez pas notre père!...»
A la vue de ces malheureux enfants frissonnant de froid et d'épouvante, Bourdin, malgré sa dureté naturelle et son habitude de pareilles scènes, se sentit presque ému. Son camarade, impitoyable, dégagea brutalement ses jambes des étreintes des enfants qui s'y cramponnaient suppliants.
«Eh! hu donc, les moutards!... Quel chien de métier, si on avait toujours affaire à des mendiants pareils!...»
Un épisode terrible rendit cette scène plus affreuse encore. L'aînée des petites filles, restée couchée dans la paillasse avec sa sœur malade, s'écria tout à coup:

«*Maman, maman, je ne sais pas ce qu'elle a... Adèle... Elle est toute froide! elle me regarde toujours... et elle ne respire plus...*»
La pauvre enfant phtisique venait d'expirer doucement sans une plainte, son regard toujours attaché sur celui de sa sœur, qu'elle aimait tendrement.
Il est impossible de rendre le cri que jeta la femme du lapidaire à cette affreuse révélation, car elle comprit tout. Ce fut un de ces cris pantelants, convulsifs, arrachés du plus profond des entrailles d'une mère.
«*Ma sœur a l'air d'être morte! mon Dieu! mon Dieu! j'en ai peur!*» *s'écria l'enfant en se précipitant hors de la paillasse et courant épouvantée se jeter dans les bras de sa mère.*
Celle-ci, oubliant que ses jambes presque paralysées ne pouvaient la soutenir, fit un violent effort pour se lever et courir auprès de sa fille morte; mais les forces lui manquèrent, elle tomba sur le carreau en poussant un dernier cri de désespoir.
Ce cri trouva un écho dans le cœur de Morel; il sortit de sa stupeur, d'un bond fut à la paillasse, y saisit sa fille âgée de quatre ans... Il la trouva morte... Le froid, le besoin avaient hâté sa fin... quoique sa maladie, fruit de la misère, fût mortelle.
Ses pauvres petits membres étaient déjà raidis et glacés...
aus: EUGÈNE SUE, „Les mystères de Paris", III, 20

Kommentar Text II

Im Rahmen einer einfachen Protagonisten/Antagonistenstruktur (Familie Morel versus Gardes) bewertet Sue seine Figuren in eindeutiger Weise und beschreibt sie im Wesentlichen anhand von äußerlichen Merkmalen, die im folgenden kursiviert sind:

Famille Morel	Gardes
affaibli, pâle, hagard, affaissé, grande frayeur, en pleurs, frissonnant, tendresse, peur, epouvanté, désespoir	brutalité, rude, menaçant, dureté naturelle, impitoyable

Auf der Grundlage einer schlichten Gut/Böse-Schematisierung ist die Handlung wesentlich durch äußeres Geschehen geprägt: *secouer, se jeter aux pieds, joigner les mains, crier, dégager les jambes des étreintes, se cramponner, s'écrier, se précipiter, courir, se jeter dans les bras, tomber sur les carreaux, pousser un cri, sauter, saisir la fille.* Jedes innere Erleben wird durch äußerliches Handeln ausgedrückt, wodurch ein extremes Pathos entsteht, das den Rezipienten in seinen Bann schlagen soll. Durch die Überzeichnung der Charaktere und durch zahlreiche adjektivische Wertungen, wie z. B. *épouvantable, déchirante, terrible, pauvre* und *affreuse,* werden soziale Institutionen wie die Familie affirmiert und die Vaterrolle unkritisch bestätigt.

Hauptwerke	*Kernock le pirate* (1830), Abenteuerroman; *Plick et Plock* (1831), Roman; *La salamandre* (1832), Roman; *Les fanatiques des Cévennes* (1840), Roman; *Mathilde ou les mémoires d'une jeune femme* (1841), Roman.

4 George Sand

Zur Person	AMANDINE-LUCIE-AURORE DUPIN, BARONNE DUDEVANT (1804–1876) wählte den männlichen Künstlernamen George Sand, damit ihre Werke vom Publikum besser akzeptiert wurden. Sie trat zudem oft in Männerkleidern vor die Öffentlichkeit. – Aus einer frühen Ehe brach sie aus und hatte in Künstlerkreisen zahlreiche Affären, darunter mit MUSSET und CHOPIN. Mit FLAUBERT verband sie eine lange Freundschaft. Das bewegte Leben in der Bohème tat ihrer schriftstellerischen Produktivität keinen Abbruch: Ihr literarisches Œuvre umfasst rund 100 Bände mit vielfach autobiographischen Zügen. Nach 1840 machte sie sich sozialistische Lehren zu eigen und verfolgt offen literarisches Engagement. Nach dem Staatsstreich von 1852 wurde ihre politische Einstellung deutlich konservativer. – Die Zurechnung der Werke George Sands zur Trivialliteratur ist in der Forschung umstritten.
Roman-typologie	Das umfängliche Romanwerk Sands wird von der Forschung in vier Gruppen eingeteilt: Neben den *romantischen* und den *sozialkritischen* stehen die *ländlichen* und schließlich die *mondänen* Romane. Ihre Leserschaft zählt in erster Linie zum gehobenen Bürgertum.
Themen	▪ Emanzipation der Frau ▪ Kritik an der Ehe ▪ Idealisierte Natur und authentische Liebe ▪ Soziale Utopien
Engagement	Mit ihren Romanen strebt George Sand nach Desillusionierung ihres Publikums. Ihre Protagonisten scheitern nicht an sich selbst oder unbestimmten gesellschaftlichen Zwängen, sondern an konkreten Institutionen, wie z. B. der Ehe. Sand setzt sich für die Freiheit des Individuums als Voraussetzung für innerweltliches Glück ein. – Das einfache Volk steht in ihren Romanen als Repräsentant einer zukünftigen Glücksutopie. Die Darstellung sozialen Elends dient in erster Linie der emotionalen Rührung des Publikums.
Figuren	Die Protagonisten der Romane künden von der rousseauschen Überzeugung, dass der Mensch von Natur aus gut ist. Sie sind zumeist idealisierte Figuren, die für das Recht des Menschen auf Liebe streiten. Sand entwickelt dabei eine stereotype Bildsprache, bei der ein blasses Aussehen Ausdruck von Weltschmerz und Abhän-

gigkeit ist, ein frisches und blühendes Aussehen hingegen als Ausdruck von Zufriedenheit und Freiheit steht. Ihre Darstellungen stehen unter der Spannung von realistischer Beobachtung einerseits und der Idealisierung der Protagonisten andererseits. – Im Spätwerk verzichtet Sand weitgehend auf Idealisierungen.

Hauptwerke

Lélia (EA 1833, überarbeitete Fassung 1839), autobiographisch-philosophischer Roman um eine junge Frau, die nach Selbsterkenntnis strebt. Nach einer unglücklichen Jugendliebe verweigert sie sich dem Werben des jungen Dichters Stenio, der ihr Verhalten missdeutet. Lélia zieht sich daraufhin in ein Kloster zurück. Nach vielen Jahren – Lélia ist inzwischen Äbtissin geworden – findet Stenio sie, erfährt von ihren wirklichen Gefühlen ihm gegenüber und nimmt sich das Leben. Durch eine Intrige wird Lélia des Mordes an Stenio angeklagt, verurteilt und stirbt schließlich im Gefängnis.

Mit zahlreichen autobiographischen Bezügen erprobt die Autorin verschiedene Lebenseinstellungen, wie Skeptizismus, Stoizismus und Sensualismus hinsichtlich ihrer Bedeutung für die Liebe und das Glück der Menschen. Die präzise Analytik des Gefühlslebens und der pessimistische Grundton weisen die Erzählung als „romantische Weltschmerzdichtung" aus.

La mare au diable (1846), Landroman um den jungen einfachen Landmann Germain, der nach dem Tod seiner Frau mit drei Kindern allein dasteht und auf Anraten seines Schwiegervaters Maurice nach einer neuen Mutter für seine Kinder sucht. Aus diesem Grund macht er sich auf den Weg in ein Nachbardorf, um die wohlhabende Witwe Cathérine aufzusuchen. In Begleitung seines jüngsten Kindes und Marie, eines armen Mädchens seines Dorfes, das im Nachbarort Arbeit gefunden hat, zieht Germain durch das Teufelsmoor. Ein Unwetter überrascht die Gruppe und zwingt sie dazu, in einer Waldschlucht zu übernachten. Bei Gesprächen am Lagerfeuer kommen sich Germain und Marie näher, dennoch trennen sie sich am nächsten Morgen, um ihren jeweiligen Verpflichtungen nachzukommen. Erst als Germain von der leichtfertigen Witwe enttäuscht ist und Marie vor ihrem aufdringlichen Dienstherren fliehen muss, finden sie zusammen und heiraten wenig später.

Die Erzählung verbindet romantische Naturdarstellungen mit Motiven der Idylle. Die moralisch idealisierten Protagonisten stehen für eine soziale Utopie, die George Sand ihren Lesern nahe bringen möchte. Ihr Engagement liegt in der Suche nach der Wahrheit ihrer von ROUSSEAU geprägten Idealwelt.

Rose et Blanche (1831), Liebesroman; *Indiana* (1832), Liebesroman; *Le compagnon du tour de France* (1840), Sozialroman;

François le Champi (EA 1848), Landroman; *La petite Fadette* (EA 1849), Landroman.

Die Unnahbare	Idealisiertes Frauenbild, das aus der christlichen Marienverehrung gespeist wird. Dieser Frauentyp ist jung, zurückhaltend und zum Verzicht bestimmt. Beispiel: Atala in Chateaubriands gleichnamiger Erzählung.
Die Mutter	Idealisiertes Frauenbild, das zumeist reiferen Frauen zugeschrieben wird. Besondere Kennzeichen sind die aufopferungsvolle Hingabe an Kinder, Pflichtbewusstsein und Selbstlosigkeit im Umgang mit anderen. Beispiel: Mme Arnoux in Flauberts *L'éducation sentimentale.*
Die Hure	Als *femme fatale* ist sie von einer ausufernden Sinnlichkeit geprägt. Ihr durchgängiger Amoralismus reißt die Menschen ihrer näheren Umgebung ins Verderben. Beispiel: Nana in Zolas gleichnamigem Roman.

Frauentypen in der Literatur des 19. Jahrhunderts

5 Henri Murger

Zur Person

HENRI MURGER (1822–1861) war der Sohn eines Pariser Schneiders. Nach dem Studium der Malerei arbeitete er vorübergehend als Sekretär LEO TOLSTOIS und führte ein Leben als Bohémien.

Themen

- Gesellschaftliche Außenseiter
- Leben im Künstlermilieu

Hauptwerke

Scènes de la vie de Bohème (1848). Der Roman zeichnet ein sentimentalisch beschönigendes Bild vom Leben in der Bohème. Nach einem überaus großen Publikumserfolg (Lust am Verbotenen) schrieb Murger zahlreiche Bohème-Erzählungen auf Bestellung. – Aufgrund der im Werk enthaltenen detaillierten Beschreibungen wird der Roman häufig als naturalistisches Werk betrachtet.

Claude et Marianne (1851), Drama; *Scènes de la vie de jeunesse* (1851) Roman; *Le bonhomme Jadis* (1852), Drama; *Le roman de toutes les femmes* (1854), Roman; *Poésies* (1855), Gedichtsammlung; *Le sabot rouge* (1860), Roman.

6 Jules Verne

Zur Person

JULES VERNE (1828–1905) wurde in Amiens geboren. Nach dem Studium der Rechtswissenschaften trat er zunächst als Autor von Opernlibretti und historischen Dramen hervor. Sein Hauptinteresse galt jedoch dem Roman.

Themen

- Technische Utopien
- Reisen und Wettkampfsituationen
- Wissenschaftlicher Fortschritt
- Abenteuer in der modernen Welt

Technik

Das narrative Schema der meisten Romane ist das der Reise. Die Abenteuersequenzen werden durch die räumliche Bewegung der Protagonisten sukzessiv miteinander verknüpft. Schwierigkeiten und Hindernisse (Piraten, Meeresungeheuer, Erdbeben etc.) werden mit Hilfe rationaler Analyse und moderner Technik beseitigt.

Stil

Die Narration in Jules Vernes Romanen wird häufig durch enzyklopädische Erläuterungen unterbrochen, in denen geographische Besonderheiten, technische Errungenschaften oder biologische Phänomene ausführlich dargestellt und erklärt werden. In gewisser Weise setzt Verne damit die romantische Vorliebe am Exotischen und Außergewöhnlichen fort. Im Unterschied zu seinen romantischen Vorläufern ist seine Darstellungsweise jedoch überaus präzise und methodisch aufgebaut.

Hauptwerke

Vingt mille lieues sous les mers (1869), phantastischer Roman. Auf der Suche nach einem Meeresungeheuer stoßen der Abenteurer Farragut und der Wissenschaftler Aronnax auf das sagenhafte Unterseeboot Nautilus mit seinem faszinierenden und unerbittlichen Kapitän Nemo. Als seine Gefangene erleben sie im Verlauf mehrerer Monate das abenteuerliche Unterwasserleben und entdecken zugleich die unerschöpflichen Möglichkeiten der Weltmeere als Rohstoff-, Energie- und Lebensmittelreservoir. Als die Gefangenen mit Wissen und Duldung Nemos fliehen, verschwindet die Nautilus in den Tiefen des Ozeans.

In Vernes Roman vermischen sich Wissenschaftseuphorie und Abenteuerlust. Längere Passagen mit wissenschaftlichem Berichtscharakter können Vernes auch schon für die damalige Zeit ungenügende Kenntnis der Wissenschaften kaum verbergen.

Textbeispiel

«Monsieur, dit le capitaine Nemo, me montrant les instruments suspendus aux parois de sa chambre, voici les appareils exigés par la navigation du Nautilus. Ici comme dans le salon, je les ai toujours sous les yeux, et ils m'indiquent ma situation et ma direction exacte au milieu de l'océan. Les uns vous sont connus, tels que le thermomètre qui donne la température intérieure du Nautilus; le baromètre, qui pèse le poids de l'air et pré-

dit les changements de temps; l'hygromètre, qui marque le degré de sécheresse de l'atmosphère; le storm-glass, dont le mélange, en se décomposant, annonce l'arrivée des tempêtes; la boussole, qui dirige ma route; le sextant, qui par la hauteur du soleil m'apprend ma latitude, les chronomètres, qui me permettent de calculer ma longitude; et enfin des lunettes de jour et de nuit, qui me servent à scruter tous les points de l'horizon, quand le Nautilus est remonté à la surface des flots.

[...]

– Et ces autres instruments dont je ne devine pas l'emploi?

– Ici, monsieur le professeur, je dois vous donner quelques explications, dit le capitaine Nemo. Veuillez donc m'écouter.»

Il garda le silence pendant quelques instants, puis il dit:

«Il est un agent puissant, obéissant, rapide, facile, qui se plie à tous les usages et qui règne en maître à mon bord. Tout se fait par lui. Il m'éclaire, il me chauffe, il est l'âme de mes appareils mécaniques. Cet agent, c'est l'électricité.

– L'électricité! m'écriais-je assez surpris.

– Oui, monsieur.

– Cependant, capitaine, vous possédez une extrême rapidité de mouvements qui s'accorde mal avec le pouvoir de l'électricité. Jusqu'ici, sa puissance dynamique est restée très restreinte et n'a pu produire que de petites forces!

– Monsieur le professeur, répondit le capitaine Nemo, mon électricité n'est pas celle de tout le monde, et c'est là tout ce que vous me permettrez de vous en dire.

– Je n'insisterai pas, monsieur, et je me contenterai d'être très étonné d'un tel résultat. Une seule question cependant, à laquelle vous ne répondrez pas si elle est indiscrète. Les éléments que vous employez pour produire ce merveilleux agent doivent s'user vite. Le zinc, par exemple, comment le remplacez-vous, puisque vous n'avez plus aucune communication avec la terre?

[...]

– Monsieur Aronnax, vous me verrez à l'œuvre. Je ne vous demande qu'un peu de patience, puisque vous avez le temps d'être patient. Rappelez-vous seulement ceci: Je dois tout à l'océan; il produit l'électricité, et l'électricité donne au Nautilus la chaleur, la lumière, le mouvement, la vie en un mot.

– Mais non pas l'air que vous respirez?

– Oh! je pourrais fabriquer l'air nécessaire à ma consommation, mais c'est inutile, puisque je remonte à la surface de la mer, quand il me plaît. Cependant, si l'électricité ne me fournit pas l'air respirable, elle manœuvre, du moins, des pompes puissantes qui l'emmagasinent dans des réservoirs spéciaux, ce qui me permet de prolonger, au besoin, et aussi longtemps que je le veux, mon séjour dans les couches profondes.

– Capitaine, répondis-je, je me contente d'admirer. Vous avez évidemment trouvé ce que les hommes trouveront sans doute un jour, la véritable puissance dynamique de l'électricité.

aus: JULES VERNE, „Vingt mille lieues sous les mers", Kap. XII

Im Textauszug wird Professor Aronnax durch die Nautilus geführt. Aus seiner staunenden Perspektive heraus werden Kapitän Nemo und sein futuristisches Unterseeboot für den Rezipienten überhöht. Nemos Überlegenheit, aber auch seine Undurchsichtigkeit wird im Dialog zusätzlich durch die Rollenverteilung Frager/Befragter unterstrichen. – In beinahe enzyklopädischem Stil werden dabei verschiedene technische Vorrichtungen zur Navigation und Lebenserhaltung vorgestellt, derer sich die Seefahrt tatsächlich bediente. Ohne Stilbruch und beinahe unmerklich geht die Beschreibung dann auf Einrichtungen über, die im 19. Jahrhundert unbekannt waren bzw. noch nicht zur Verfügung standen. Mit Hilfe dieses narrativen Verfahrens wird die technische Fiktion für den Rezipienten als authentisch vorgestellt. – Durch ihre raffinierte Technik ist die Nautilus vollkommen autonom und existiert von und im Einklang mit dem natürlichen Lebensraum des Meeres. Sie bildet gleichsam eine lokale Utopie, in der die Menschen, von äußeren Gefahren und Zwängen befreit, sich ganz der wissenschaftlichen Erkenntnis und individuellen Vervollkommnung widmen können. – Der Roman stellt somit eine positive technische Utopie dar, deren latent gesellschaftskritisches Potential vom Erzähler jedoch nur selten ausgeschöpft wird. Die Begeisterung über die Möglichkeiten der Technik (*„Vous avez évidemment trouvé ce que les hommes trouveront sans doute un jour."*) verdrängt den Blick auf ihre gesellschaftlichen Bedingungen und Konsequenzen.

Le tour du monde en quatre-vingts jours (1872), Abenteuerroman. In einem vornehmen Londoner Club wettet Phileas Fogg, dass es in der modernen Welt möglich sei, in 80 Tagen um die Welt zu reisen. Gemeinsam mit seinem Diener Passepartout reist er mit den unterschiedlichsten Verkehrsmitteln, erlebt eine Fülle von Abenteuern und findet die Frau fürs Leben. Pünktlich nach 80 Tagen trifft er wieder im Club ein und wird von den anwesenden Herren begrüßt.

Verne widmet sich in seinem populären Roman den Möglichkeiten der Gegenwartstechnik und verknüpft seine Darstellungen mit rudimentären kulturwissenschaftlichen und anthropologischen Exkursen. Bemerkenswert ist vor allem der offensichtliche Witz und die gesellschaftskritischen Aspekte, die in anderen Romanen kaum so deutlich zutage treten.

Cinq semaines en ballon (1863), Abenteuerroman; *Voyage au centre de la terre* (1864), Abenteuerroman; *De la terre à la lune* (1865), phantastischer Roman, *Une ville flottante* (1867), phantastischer Roman; *Autour de la lune* (1869), phantastischer Roman.

KAPITEL **Moderne und *Fin de siècle***

1 Begriffsbestimmungen der Moderne

Eingrenzung

Die literarische Moderne gilt als europäisches Phänomen. Es besteht jedoch kein Konsens über ihren Anfang und – wie die Debatten um den Begriff der Postmoderne zeigen – um ihr Ende. So beginnt die Moderne in der englischen Literaturgeschichtsschreibung zumeist erst um 1910. In Deutschland und Frankreich wird demgegenüber die Erfahrung der 1848er-Revolution als Beginn moderner Literatur beschrieben. Dabei rückt die deutsche Literaturwissenschaft die Lyrik BAUDELAIRES in den Mittelpunkt, während man in Frankreich die Epik FLAUBERTS als gleichrangig einschätzt.

Definitionen

Entfremdung von Subjekt und Objekt: Als historisch besonders folgenreich hat sich die Definition des Philosophen G. W. F. HEGEL erwiesen, demzufolge das Individuum die Gesellschaft in der Moderne als etwas Fremdes erfährt und als Reaktion darauf seine eigene Persönlichkeit (Innerlichkeit) kultiviert (vgl. Hegel [1970: 7: 339]). – KARL MARX knüpft an Hegels Lehre an, wenn er feststellt, dass die Naturbeherrschung im Zuge der industriellen Revolution auf ein bisher nicht bekanntes Maß gestiegen ist. Die Kehrseite des Prozesses ist die Verdinglichung der Natur, die sich der Mensch nur noch über entfremdete Arbeit aneignen kann. Die daraus resultierende negative Erfahrung findet ihren ästhetischen Niederschlag in der modernen Kunst.

Solipsismus: Nach GEORG LUKÁCS ist moderne Literatur dadurch gekennzeichnet, dass sie jede Vernünftigkeit im Dasein leugnet. Hieraus zieht sie die – nach Lukács falsche – Konsequenz, sich von der Gesellschaft abstrakt loszusagen und eine „Flucht ins Pathologische" anzutreten (vgl. Lukács [1958: 30]). Der für die Moderne typische Autonomiestatus der Kunst wird hier also als unkritische Selbstbezüglichkeit aufgefasst.

Kritik der Verdinglichung: Für THEODOR W. ADORNO ist die Entschiedenheit, mit der sich die Künstler von allen gesellschaftlichen Zwängen und Forderungen distanzieren, die Chance, diese gleichsam aus der Distanz heraus in ihrem Wesenskern zu erfassen. Versuchen die Künstler jedoch, ihre Darstellungen begrifflich und diskursiv zu artikulieren, fallen sie einem universalen Verdinglichungs- bzw. Täuschungszusammenhang anheim, der ihr kritisches Potential entwertet (vgl. Adorno [1981]). – Adorno stimmt also in der Analyse teilweise mit Lukács überein, zieht jedoch grundsätzlich andere Konsequenzen.

Merkmale

- Entbindung der Kunst von gesellschaftlichen Aufgaben
- Inhalte treten hinter formale Gestaltung zurück (**Formprimat**)
- Kunstwerke dürfen sich nicht mehr an Traditionen orientieren, sondern müssen beständig Neues schaffen (**Innovationszwang**)
- Moderne Künstler streben nicht danach, ihrem Publikum zu gefallen, sondern sie wollen es schockieren
- Literatisierung des Hässlichen und des Bösen

Vorläufer

Parnasse: In der griechischen Mythologie ist der Berg Parnasse die Heimat der Musen. Im 19. Jahrhundert steht der Begriff für eine Gruppe von Dichtern, die sich in den Jahren 1860–1880 die Überzeugung zu eigen machten, dass alle Kunst nur das Schöne zum Ziel habe und keine kunstfremden Absichten verfolge (Die Formel *l'art pour l'art* stammt vom Philosophen VICTOR COUSIN aus dem Jahre 1836). Der Name der Gruppe geht auf eine im Jahr 1866 gemeinsam publizierte Gedichtsammlung mit dem Titel *Parnasse contemporain* zurück. Die Dichter des Parnasse teilen eine Reihe fester Grundüberzeugungen:

- Das Hauptaugenmerk des Dichters liegt auf der klaren und reinen Form, weil sie – im Unterschied zum Inhalt – keine gesellschaftlichen Funktionen übernehmen kann.
- Die Darstellung dessen, was der Mensch wahrnimmt, tritt an die Stelle der Nachahmung der Natur.
- Besonderer Wert wird auf die Kunstfertigkeit des Dichters gelegt, der in der antiken und mittelalterlichen Gattungs- und Verslehre heimisch sein musste. Die Tätigkeit des Dichters wird als rationale, harte und entbehrungsreiche Arbeit verstanden.
- Romantische Inspiration sowie sentimentale und didaktische Sprachverwendungen werden strikt abgelehnt.

Zur Gruppe der Parnassiens zählt neben THÉODORE DE BANVILLE (1823–1891) vor allem LECONTE DE LISLE (1818–1894).

Stoffe/Motive

Für die literarische Moderne lassen sich kaum Themen benennen, die als epochentypisch angesehen werden können. Das hängt zum einen mit dem Geltungsverlust des Inhalts gegenüber der Form zusammen, zum anderen mit der oftmals anzutreffenden Verweigerungshaltung gegenüber literarischen Traditionen. Aus diesen Gründen lassen sich nur einige wenige Bereiche benennen, die ein grobes Raster abstecken:

- Subjektivität
- Alltäglichkeit
- Verfremdete Realität

	Romantik und Realismus	Moderne und *fin de siècle*
Autor	Betonung von Subjektivität	Rückzug aus dem Werk
Erzählhaltung	Auktorial, allwissend	Personal
Handlung	Selbstbestimmt handelnde Figuren	Undurchschaubares Geschehen (Kontingenz)
Figuren	Psychologische Begründungen	Scheinbar unmotiviertes Verhalten
Realität	historisch gesichert, idealisiert	Banalität der Gegenwart
Fabel	Kernstück des Werks	Beliebig und verzichtbar

Zum Verhältnis von Tradition und Moderne

2 Gattungen

1 Epik

Bedeutung

Spätestens seit dem ersten Drittel des 19. Jahrhunderts waren der Roman und andere epische Formen vom literarischen Realismus okkupiert. Aus diesem Grunde gab es zunächst nur wenige narrative Werke, die den modernen Ansprüchen folgten. Dies änderte sich erst um die Jahrhundertmitte, als neue epische Techniken entwickelt wurden, die den Roman als Gattung für die Moderne fruchtbar werden ließen.

Formen

Autobiographie: Da die Moderne die gesellschaftliche Wirklichkeit als undurchschaubar und kontingent versteht, kann sie nicht mehr im klassischen Sinne erzählen, d. h. Zusammenhänge herstellen und die Handlungsweisen der Individuen in einen sinnvollen Bezugsrahmen einordnen. Erfahrungen sind dem Erzähler nicht mehr automatisch gegeben, er muss sie im Erzählprozess rekonstruieren. Aus diesem Grund sind zahlreiche moderne Erzählwerke autobiographisch ausgerichtet.

Tagebuch: Das Tagebuch ist aufgrund seiner chronologischen Ordnung eines der zentralen epischen Medien, mit dem sich moderne Erzähler der lebensweltlichen Kontingenz stellen. Die Wirklichkeit soll nicht länger in ein narratives Schema gepresst werden; vielmehr soll sich die literarische Form der innerweltlichen Erfahrung mimetisch anpassen.

Techniken

Perspektivisches Erzählen: Nachdem der auktoriale Erzähler in der Moderne zunehmend als unangemessen diskreditiert wird, orientieren sich die Autoren an anderen Erzählsituationen. In der Form des perspektivischen Erzählens werden die Begebenheiten aus der Sicht einer oder mehrerer Romanfiguren dargestellt, deren Erfahrungs- und Wissenshorizont den des Rezipienten nicht übersteigt.

Innerer Monolog: Bei dieser Form narrativer Darstellung soll die Unmittelbarkeit von Alltagserfahrungen (Bewusstseinsstrom) vom Rezipienten nachvollzogen werden. Im Unterschied zum traditionellen Ich-Erzähler entfällt hier die Distanz zwischen erlebendem und berichtendem Ich. Die Chronologie scheinbar unzusammenhängender Einzelerfahrungen soll möglichst unvermittelt reproduziert werden.

Fiktionsironie: Um das Vertrauen in die erzählerische Fiktion wiederherzustellen, gehen einige Autoren den Weg, die Fiktion im Prozeß der Erzählens als Fiktion bewusst zu machen. Auf diese Weise distanziert sich der Erzähler von stereotypen narrativen Strukturen und zeigt den Gegensatz von literarischer und lebensweltlicher Erfahrung auf.

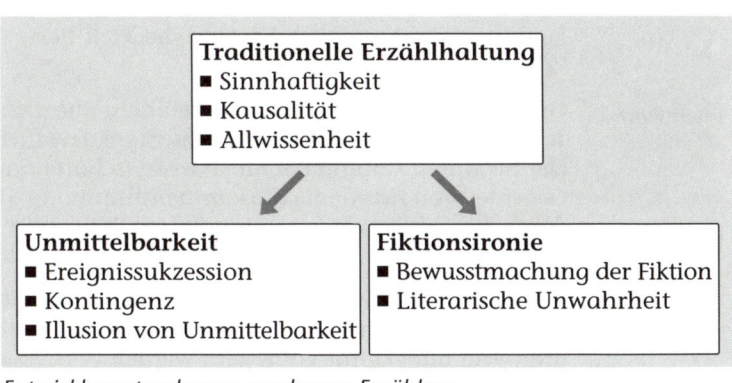

Entwicklungstendenzen modernen Erzählens

2 Lyrik

Abgrenzung Die Moderne findet ihren gattungsmäßigen Ursprung in der Lyrik. Auf diesem Gebiet steht sie jedoch in einer permanenten Konkurrenz zur romantischen Dichtung. Vielfach werden romantische Stereotype aufgegriffen und gezielt verfremdet, um neuartige Effekte zu erreichen. Die postromantische Dichtung nach 1850 orientiert sich entweder am formal-stilistischen Purismus des *Parnasse* oder sie folgt dem Imaginationskonzept CHARLES BAUDELAIRES.

Ästhetik **Mimesiskritik:** Spätestens seit BAUDELAIRE löst sich die moderne Kunst aus ihrer jahrhundertealten Bindung an vorgegebene Gegenstände. Der Referenzcharakter des sprachlichen Zeichens verliert an Bedeutung, und die Dichtung kreist thematisch verstärkt um sich selbst. HUGO FRIEDRICH beschreibt diesen Prozess als Trennung von Sprache und Gehalt in der Moderne (vgl. Friedrich [1956: 15 ff.]).

Formprimat: Im Kontrast zu den innovativen Stoffen, die in der modernen Lyrik verarbeitet werden, steht die oft traditionelle Form. Zahlreiche moderne Dichter verwenden die strenge Form des Sonetts und beginnen erst allmählich, strenge Reim- und Rhythmusschemata aufzulösen.

Intuition: In der Nachfolge der Philosophie HENRI BERGSONS (1859–1941), der sich mit dem Einfluß der Intuition auf unsere Wahrnehmung beschäftigte, setzen sich zahlreiche Dichter mit den Möglichkeiten einer lyrischen Wirklichkeitserfahrung auseinander, die über die rein sinnliche Wahrnehmung hinausgeht. In seinem *Essai sur les données immédiates de la conscience* (1889) beschreibt Bergson die Intuition als eine Form spontaner Erkenntnis, die das eigene Ich und die Welt tiefer durchdringt als Wissenschaft und Vernunft.

Techniken

Dissonanzen: HUGO FRIEDRICH definiert die Dissonanz als die Technik moderner Lyrik *par excellence* (vgl. Friedrich [1956: 15 ff.]). Der Begriff entstammt der Musikwissenschaft und bezeichnet das Gegenteil von Harmonie (Zusammenstimmung). Dissonanz kann durch den Widerspruch von Inhalt und Form, aber auch durch die Aneinanderreihung inkompatibler Elemente entstehen.

Verfremdung: Moderne Lyrik thematisiert dem Rezipienten vertraute Sachverhalte, die durch die Art der Darstellung als fremdartig und unbekannt vorgestellt werden. – Hierzu bedienen sich die Dichter u. a. der folgenden Techniken:
- Auflösung der konventionellen räumlichen Bezüge
- Zusammenführung von extrem Verschiedenartigem
- Irreale Farbgebungen
- Pluralisierung von Einzigartigem und Einmaligem

Umgekehrt wird aber auch Fremdartiges und Exotisches als vertraut präsentiert, womit ein vergleichbarer Effekt erzielt wird.

Fragmentarisierung: Zusammenhängende Wahrnehmungen und Erfahrungen werden in der modernen Lyrik zu Bruchstücken zerschlagen, weil das Ganze als nicht mehr zugänglich gilt und weil sich zusammenhängende Darstellungen dem Ideologieverdacht aussetzen.

Sprache

Moderne Dichter unterstreichen gern den Gegensatz von alltäglicher und poetischer Sprachverwendung. Ein wichtiger Unterschied zwischen beiden besteht ihrer Auffassung nach darin, dass die Sprache der Dichtung keine unmittelbare Referenz auf Wirklichkeit beansprucht. – Tatsächlich weicht die lyrische Sprache in der Moderne in markanter Weise vom sprachlichen Alltagsgebrauch ab:

- Es werden keine vollständigen Sätze gebildet.
- Interpunktion wird extrem reduziert oder sogar aufgegeben.
- Auf das Verb wird teilweise verzichtet.
- Substantive erscheinen ohne Artikel.
- Der bestimmte Artikel, der üblicherweise auf Bekanntes oder bereits Genanntes hinweist, wird scheinbar unmotiviert verwendet.
- Demonstrativpronomen werden ohne Referenzobjekt eingeführt und dienen dazu, die emotionale Anteilnahme des Lesers zu steigern.

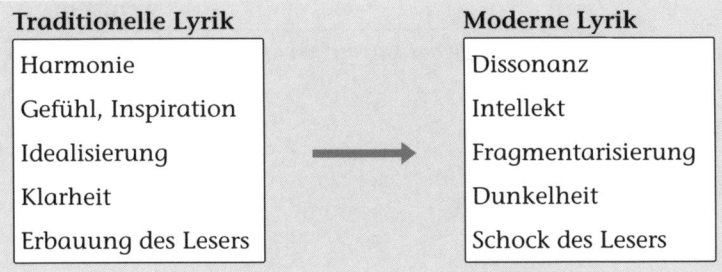

Traditionelle Lyrik	Moderne Lyrik
Harmonie	Dissonanz
Gefühl, Inspiration	Intellekt
Idealisierung	Fragmentarisierung
Klarheit	Dunkelheit
Erbauung des Lesers	Schock des Lesers

Traditionelle und moderne Lyrik nach Hugo Friedrich

3 Dramatik

Autonomie

Seit der Aufklärung stand das Drama ästhetisch unter didaktischen Vorzeichen und diente der moralischen Normenvermittlung. Innerhalb einer Kunstkonzeption, die sich dem *L'art pour l'art* verschrieben hat, wie die Moderne, konnte das Drama nur schwer einen Platz im Gattungsgefüge finden.

Ästhetik

Das moderne Drama wird im allgemeinen auch als offenes Drama bezeichnet. Es entwickelt seine Ästhetik und seine literarischen Kunstmittel in Abgrenzung vom klassischen Theater, das auch als geschlossenes Drama bezeichnet wird.

Klassisches Drama	Modernes Drama
■ stellt mit Hilfe eines Ausschnitts ein Ganzes dar (Repräsentativität); ■ Einheit von Handlung, Raum und Zeit. Festes Konstruktionsschema mit zielgerichteter Entwicklung; ■ Schlüssige Handlung, zielstrebiger Dialog, ungebrochene Bewegungsrichtung; ■ Unselbständige Teile. Vorrang des Allgemeinen vor dem Besonderen. Notwendigkeit steht über dem Zufall.	■ präsentiert ein Ganzes in Ausschnitten (Fragmentarische Darstellung); ■ Vielfalt von Handlung, Zeit und Raum. Reihung gleichwertiger Episoden; ■ Offene Handlung: afinale Kreisbewegung, unerlöste Spannung, Betonung des Augenblicks; ■ Selbständigkeit aller Teile. Allgemeines verschwindet hinter Besonderem, reihende Gestaltung von Gleichwertigem.

Grundzüge des klassischen und des modernen Dramas

3 Autoren

1 Gérard de Nerval

Zur Person

GÉRARD LABRUNIE (1808–1855) schrieb unter dem Künstlernamen Gérard de Nerval zahlreiche Gedichte und einige Romane. Nach seiner Jugendzeit im Valois führte er gemeinsam mit Théophile Gautier ein Bohèmeleben in Paris. Seine Liebe zur Schauspielerin Jenny Colon, die in einigen Gedichten erscheint, wurde nicht erwidert. Um sie zu vergessen, unternahm er 1843 eine Reise in den Orient. 1851 verdichteten sich die Anzeichen einer beginnenden Nervenkrankheit. Zwischen mehreren Klinikaufenthalten erlebte Nerval künstlerisch produktive Phasen. 1855 wurde er erhängt an einer Pariser Straßenlaterne aufgefunden.

Themen

■ Mythos des Ewigweiblichen und unerfüllte Liebe
■ Übernatürliche Phänomene und Traumgestalten
■ Doppelgänger
■ Religiöse Erfahrungswelten

Stil

In Nervals Werk überschneiden sich Traum, Mythologie und Wirklichkeit in komplexer und vielfältiger Weise. Bemerkenswert ist vor allem die Spannung zwischen den inhaltlichen Sprüngen und Brüchen und der strengen kompositorischen Form des Sonetts, das zu seiner wichtigsten lyrischen Ausdrucksform wurde.

 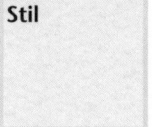

Les filles du feu (EA 1853), Novellen- und Gedichtsammlung zum Thema Liebe. Nerval setzt sich mit verschiedenen Frauengestalten auseinander wie z. B. dem Bauernmädchen Sylvie, der jungen Adligen Adrienne und der Schauspielerin Aurélie, deren Lebenswege er verfolgt. Er verknüpft seine Reflexionen mit Kindheitserinnerungen und mystischen Sinnbildern.

Les Chimères (1854), Sonettsammlung, in der der Autor seine Träume und Visionen darstellt. In den zwölf Gedichten dieser hermetischen Lyrik verbindet Nerval Traumwelten und Realität, antike Literaturmotive mit Figuren aus Fabeln und Mythologien.

Gérard de Nerval: El Desdichado

Je suis le Ténébreux, – le Veuf, – l'Inconsolé
Le Prince d'Aquitaine à la Tour abolie:
Ma seule Etoile est morte, – et mon luth constellé
Porte le Soleil noir de la Mélancolie.

Dans la nuit du Tombeau, Toi qui m'as consolé,
Rends-moi le Pausilippe et la mer d'Italie,
La fleur qui plaisait tant à mon cœur désolé,
Et la treille où le Pampre à la Rose s'allie.

Suis-je Amour ou Phébus?... Lusignan ou Biron?
Mon front est rouge encor du baiser de la Reine;
J'ai rêvé dans la Grotte où nage la Sirène...

Et j'ai deux fois vainqueur traversé l'Achéron:
Modulant tour à tour sur la lyre d'Orphée
Les soupirs de la Sainte et les cris de la Fée.
aus: GÉRARD DE NERVAL, „Les Chimères"

Das Alexandrinersonett thematisiert in komplexer Weise die Suche des lyrischen Ich nach seiner Identität. Dabei identifiziert sich das *Je* des ersten Verses sowohl mit Erfahrungen aus Nervals eigener Biographie als auch mit historischen Personen. Intertextuelle Bezüge zu literarischen Figuren sind ebenso anzutreffen wie mythologische Anspielungen: Die unglückliche Liebe Nervals zu Jenny Colon *(seule étoile)* wird ebenso lyrisch verarbeitet wie Aspekte seiner Italienreise *(Pausilippe, la mer d'Italie)*. Daneben stehen literarische Bezüge wie der Titel des Gedichts, der auf Walter Scotts Romanfigur Ivanhoe verweist und mythologische Verweise auf den Gott der Liebe *(Amour)*. Die meisten der genannten Namen und Figuren sind jedoch vielseitig beziehbar und können sowohl als historische Personen als auch als literarische Figuren verstanden werden, wie z. B. Biron. – Die zahlreichen Polysemien des Gedichts führen den Rezipienten vom inhaltlichen Verständnis weg und lenken das Interesse auf den sprachlichen Ausdruck

und den Klang der Worte. In der formal-klanglichen Harmonie verschmelzen die inhaltlichen Trennungen von unglücklicher Gegenwart *(je suis l'inconsolé)* und glücklicher Vergangenheit *(tu m'as consolé)* ebenso wie der Widerspruch von Gewissheit *(Je suis...)* und Ungewissheit *(Suis-je...)* zu einer Einheit. – Die spezifisch moderne Verunsicherung und der Orientierungsverlust des Subjekts werden durch die lyrische Form zugleich eingeholt und aufgehoben.

Hauptwerke *Aurélia ou le rêve de la vie* (1855), bekenntnishafte Novelle um die Traumgedanken Nervals und seinen beginnenden Wahnsinn. Nach dem Tod seiner Geliebten Aurélia, an dem sich der Protagonist selbst die Schuld gibt, erlebt er im Traum eine Reihe von Visionen, in denen sie ihm erneut erscheint. Seine Glückszustände werden jedoch von einem Doppelgänger jäh beendet, der sich später als Götterbote entpuppt und der ihm Aurélia ein zweites Mal entreißt. Erst als ihm die zur Marienfigur stilisierte Aurélia ein letztes Mal erscheint und zu einem glanzvollen Stern am Horizont wird, findet er Ruhe.

Nerval verbindet in seiner Erzählung Elemente romantischer Weltschmerzdichtung mit klaren psychologischen Analysen. Die innerweltlichen Widersprüche heben sich für ihn in einer mystischen Vereinigung von Diesseits und Jenseits auf. Der sprachliche Gestus und das verwendete Vokabular verweisen auf literarische Konventionen seiner Zeit.

Napoléon ou la France guerrière, élégies nationales (1826), Gedichtsammlung; *Voyage en Orient* (1852), Reisebericht.

2 Théophile Gautier

Zur Person THÉOPHILE GAUTIER (1811–1872) wurde in der südfranzösischen Provinz geboren und gehörte bis 1840 zum Kreis der Romantiker um VICTOR HUGO. Gemeinsam mit anderen Schriftstellern gründete er später die sog. *école fantaisiste,* die die Zweckfreiheit und Autonomie der Kunst auf ihre Fahnen schrieb.

Themen
- Gotteslästerung
- Künstlerproblematik
- Sexualität

Ästhetik **Autonomie:** Aus Enttäuschung über die politischen Entwicklungen seiner Zeit versuchte Gautier, die Kunst von der Lebenswelt zu trennen. Im Vorwort zu seinem Roman *Mlle de Maupin* (1834) behauptet er, dass die Gesellschaft des 19. Jahrhunderts unkorrigierbar geworden sei. Wenn Kunst und Literatur auch ohne Wirkung auf die Gesellschaft bleiben, so sind sie doch ein Reflex der sozialen Verhältnisse ihrer Zeit. Kunst und Literatur haben sich aus diesem Grund von der Politik ebenso fern zu halten wie von der philosophischen Reflexion und der Gefühlspoesie. Ihr alleiniger Maßstab ist die künstlerische Freiheit.

Non, imbéciles, non, crétins et goitreux que vous êtes, un livre ne fait pas de la soupe à la gélatine; – un roman n'est pas une paire de bottes sans couture; un sonnet, une seringue à jet continu; un drame n'est pas un chemin de fer, toutes choses essentiellement civilisantes, et faisant marcher l'humanité dans la voie du progrès.
De par les boyaux de tous les papes passés, présents et futurs, non et deux cent mille fois non.
[...]
Il n'y a de vraiment beau que ce qui ne peut servir à rien; tout ce qui est utile est laid, car c'est l'expression de quelque besoin, et ceux de l'homme sont ignobles et dégoûtants, comme sa pauvre et infirme nature. – L'endroit le plus utile d'une maison, ce sont les latrines.
aus: Théophile Gautier, „Mademoiselle de Maupin", Préface

Einheit der Kunst: Gautier versteht die Künste als eine wesenhafte Einheit, die in Form von Literatur, bildender Kunst und Musik nur in unterschiedlichen Erscheinungen hervortritt.

Stoff und Form: Schönheit ist nach Gautier das Ergebnis der formalen Bearbeitung eines gegebenen Stoffes, der sich dem Gestaltungswillen des Künstlers verweigert. Je heftiger der Widerstand, desto größer der künstlerische Wert.

Unvergänglichkeit: Im Unterschied zu allen natürlichen Gegenständen ist das vollendete Kunstwerk dem geschichtlichen Wandel und dem Verfall entzogen und existiert in einer Sphäre überzeitlicher Perfektion.

Stil

In seinen Darstellungen geht Gautier in der Regel von visuellen Eindrücken aus und beruft sich nicht selten auf Malerei. Der sprachliche Ausdruck ist durchgearbeitet und verbindet einen strengen Rhythmus mit zahlreichen Assonanzen und Binnenreimen. – Seine bevorzugte Strophenform ist ein achtsilbiger Vierzeiler mit dem Reimschema *abab*. Sie ist vor allem in der Gedichtsammlung *Emaux et camées* anzutreffen. – Zahlreiche Gedichte Gautiers existieren in verschiedenen Fassungen, bei denen der Autor selbst einzelne Strophen umgestellt hat. Nicht zuletzt aus diesem Grund ist ihm häufig mangelnde Komposition vorgeworfen worden.

Hauptwerke

Mademoiselle de Maupin (1835), Skandalroman um eine literarische Dreiecksbeziehung. Der Dichter Orlando d'Albert und die geistreiche Rosette verlieben sich in die als Mann Théodore verkleidete Rosalinde de Maupin. Nachdem es Rosette beinahe gelungen wäre, Rosalinde zu verführen und zur Hochzeit zu bewegen, beschließt diese, sich einen Geliebten zu suchen. Mit d'Albert erlebt sie ihre erste Liebesnacht, um unmittelbar anschließend Rosette aufzusuchen. Am Morgen danach ist Rosalinde de Maupin verschwunden. D'Albert hat in ihr jedoch sein Ideal vollendeter Schönheit gefunden, das ihm auch nach ihrem Abschied bleibt.

Gautier wählt für seinen Roman sowohl die Briefform als auch die Form des traditionellen Erzählers. Der Text verzichtet auf eine klare Handlungsentwicklung und enthält einige inhaltliche Unstimmigkeiten. Die Sprache zeigt einen lyrischen Unterton, mit dem der Text ein hohes Maß an Gefühlsbetontheit gewinnt.

Emaux et Camées (1852), Gedichtsammlung, die neben exotischen und folkloristischen Themen auch amouröse Geständnisse und Szenen aus dem Künstlermilieu enthält. Ein häufig wiederkehrendes Thema ist die Kunst selbst. Von besonderem Stellenwert ist hierbei das prgrammatische Schlussgedicht *L'art*, in dem Gautier seine Autonomieästhetik nochmals formuliert. Als neue Techniken führt er die Übertragung von Werken der bildenden Kunst in die Lyrik ein und verweist häufig auf andere bekannte Kunstwerke.

Textbeispiel

Théophile Gautier: L'art

Oui, l'œuvre sort plus belle
D'une forme au travail
　　Rebelle,
Vers, marbre, onyx, émail.

Point de contraintes fausses!
Mais que pour marcher droit
　　Tu chausses,
Muse, un cothurne étroit.

Fi du rythme commode,
Comme un soulier trop grand,
　　Du mode
Que tout pied quitte et prend!

Statuaire, repousse
L'argile que pétrit
　　Le pouce,
Quand flotte ailleurs l'esprit;

Lutte avec le carrare,
Avec le paros dur
　　Et rare,
Gardiens du contour pur;

Emprunte à Syracuse
Son bronze où fermement
   S'accuse
Le trait fier et charmant;

D'une main délicate
Poursuis dans un filon
   D'agate
Le profil d'Apollon.

Peintre, fuis l'aquarelle,
Et fixe la couleur
   Trop frêle
Au four de l'émailleur.

Fais les sirènes bleues,
Tordant de cent façons
   Leurs queues,
Les monstres des blasons;

Dans son nimbe trilobe
La Vierge et son Jésus,
   Le globe
Avec la croix dessus.

Tout passe. – L'art robuste
Seul a l'éternité.
   Le buste
Survit à la cité.

Et la médaille austère
Que trouve un laboureur
   Sous terre
Révèle un empereur.

Les dieux eux-mêmes meurent.
Mais les vers souverains
   Demeurent
Plus forts que les airains.

Sculpte, lime, ciselle;
Que ton rêve flottant
   Se scelle
Dans le bloc résistant!

aus: THÉOPHILE GAUTIER, „Emaux et camées"

Kommentar

L'art ist das letzte Gedicht der Sammlung *Emaux et camées.* Es handelt sich um eine ästhetische Theorie in lyrischer Form, womit Gautier die Forderung der Parnassien nach Einheit von Form und Inhalt in die Praxis umsetzt. Das Gedicht besteht aus vierzehn sechssilbigen Vierzeilenstrophen und nimmt durch diese Form eine Sonderstellung in der Gedichtsammlung ein. Seine Form ist als Antwort auf THÉODORE DE BANVILLES Gedicht *Odelette* (1856) gedacht, das Gautier gewidmet war.

Zur Anordnung der Strophen:

I.	Forderung nach formaler Durcharbeitung (1–3). Aufzählung: Verse, Marmor, Onyx, Emaille (4).
II.–III.	Forderungen an den Dichter.
IV.–VI.	Forderungen an den Bildhauer.
VII.	Forderung an den Kameenschneider.
VIII.–X.	Forderungen an den Maler, der zum Emailleur werden soll.
XI.–XIII.	Ewigkeitsanspruch und Ruhm der Kunst.
XIV.	Aufforderung und Conclusio.

Das Gedicht folgt den zentralen ästhetischen Forderungen Gautiers: Der Gedanke der wesenhaften Einheit der Kunst, die nur in verschiedenen Erscheinungsformen zutage tritt, wird durch die im Gedicht evozierte Vertauschbarkeit der Künste realisiert. Der Künstler soll dem widerständigen Stoff formale Schönheit verleihen und ihn so unvergänglich machen, was Gautier durch die strenge Form umzusetzen versucht. Die Überzeitlichkeit der Kunst wird durch die zyklische Form des Gedichts vorweggenommen.

Hauptwerke

Le Capitaine Fracasse (1863), Roman um den melancholischen Baron Sigognac, der zurückgezogen auf seinem verfallenen Schloss lebt. Eine durchreisende Schauspielertruppe reißt ihn aus seiner Lethargie. Er verliebt sich in Isabelle, wird unter dem Namen Capitaine Fracasse selbst Schauspieler und zieht mit der Truppe durch das Land. Die schöne Isabelle wird vom Herzog von Vallombreuse entführt und von Sigognac im Kampf befreit, bei der der Herzog schwer verletzt wird. Nach seiner Genesung erkennt er in Isabelle seine verlorene Tochter wieder, wodurch der Standesunterschied zwischen ihr und Sigognac aufgehoben ist und der Hochzeit nichts mehr im Wege steht.

Der stark konstruierte und stellenweise langatmige Roman lebt von der bildhaften Beschreibung von Häusern, Städten und Landschaften.

Poésies (1830), Gedichtsammlung; *Le roi Candaule* (1847), Roman; *Voyage en Italie* (1852), Reisebericht; *Le roman de la momie* (EA 1858), historischer Roman; *Voyage en Russie* (1867), Reisebericht; *Rapport sur les progrès de la poésie en France* (1868), kunstkritische Schrift; *Histoire du romantisme* (1874), kunstgeschichtlicher Traktat.

3 Joris-Karl Huysmans

JORIS-KARL HUYSMANS (1848–1907) wurde als Sohn eines holländischen Malers und einer französischen Lehrerin in Paris geboren. Er arbeitete von 1866 bis 1898 im französischen Innenministerium und bekehrte sich 1892 zum Katholizismus. Als Autor entwickelte er sich von einem naturalistischen zu einem idealistischen Schriftsteller des *fin de siècle*.

Der Begriff *fin de siècle* geht auf den Titel eines Theaterstücks von MICARD, JOUVENOT und COHEN aus dem Jahre 1888 zurück. Er wurde als Ausdruck eines umfassenden Dekadenzbewusstseins verwendet. In ihm verbinden sich die Erfahrung der Kriegsniederlage von 1871 und der nationalen Spaltung durch die Dreyfus-Affäre mit der Kenntnis von SCHOPENHAUERS pessimistischer Philosophie zu einem Endzeitbewusstsein, dessen künstlerische Konsequenzen in erster Linie antibürgerlich und antinaturalistisch sind. Die Künstler des *fin de siècle* sind am individuell Besonderen interessiert, neigen zum *ennui* und schweifen nicht selten in eine mystische Religiosität ab. – Zu den bekanntesten Vertretern dieser Form des Ästhetizismus zählen neben Huysmans JULES BARBEY D'AUREVILLY (1808–1889), MAURICE BARRÈS (1862–1923) und PAUL BOURGET (1852–1935).

	Naturalismus	Ästhetizismus *(fin de siècle)*
Funktion der Kunst	Gesellschaftlich engagiert (instrumentell)	Autonom
Thematische Schwerpunkte	Außenwelt	Innenwelt des Subjekts
Bedeutung des Autors	reduziert und methodisch vereinheitlicht	Primat schöpferischer Persönlichkeit
Publikumsbezug	Massenrezeption intendiert	Distanz von Autor und Publikum (Elitenkonzeption)

Vergleichende Gegenüberstellung von naturalistischer und ästhetizistischer Poetik

- Bürgertumskritik
- Dekadentes Leben
- Dandyismus
- Satanismus und Sadismus

In seiner ästhetizistischen Phase zeigt Huysmans eine ausgeprägte Neigung zu seltenen Begriffen, komplizierten Namen und Neologismen. Der Satzbau ist überaus komplex und durch zahlreiche Aufzählungen gekennzeichnet.

Techniken	Seit 1876 verzichtet Huysmans in seinen Romanen auf eine zusammenhängende Fabel und Konflikte. An deren Stelle tritt das Kompositionsschema episodischer Reihen, in denen unbedeutende Ereignisse ohne erkennbare Kausalität miteinander verknüpft werden.
Widersprüche	In den Werken Huysmans treffen bedrückende naturalistische Gegenwartsbilder auf eine um stilistische Perfektion bemühte Sprache. Hieraus entsteht eine poetische Spannung, die Huysmans bewusst kultiviert.
Hauptwerke	*A rebours* (1884), Roman um die Erfahrungen der nervenkranken Figur Jean des Esseintes, die sich, angewidert von der mittelmäßigen bürgerlichen Welt, in ein luxuriöses Kunstleben zurückzieht und dem Schönheitsgedanken huldigt. Mit Musik, bildender Kunst und Literatur versucht er, sich der ihn umgebenden Natur zu entziehen. Durch Rauschgiftkonsum steigert er sich in subjektive Kunstwelten hinein. Bald schon jedoch wird er sich darüber klar, dass er auch in der selbstgeschaffenen Kunstwelt keine Erfüllung finden kann und erfährt eine religiös motivierte Erlösungssehnsucht.

Der Roman zählt zu den Hauptwerken der *décadents* und verkörpert deren Lebensauffassung, wonach der einzige Trost des Menschen im Verlust der Hoffnung auf die Zukunft liegt. Die Verachtung bürgerlicher Normalität steigert sich bei Huysmans zur Misanthropie und schlägt schließlich in einen *renouveau catholique* um.

Textbeispiel	*Quant au village même, il le connaissait à peine. Par sa fenêtre, une nuit, il avait contemplé le silencieux paysage qui se développe, en descendant, jusqu'au pied d'un coteau, sur le sommet duquel se dressent les batteries du bois de Verrières.*

Dans l'obscurité, à gauche, à droite, des masses confuses s'étageaient, dominées, au loin, par d'autres batteries et d'autres forts dont les hauts talus semblaient, au clair de la lune, gouachés avec de l'argent, sur un ciel sombre.

Rétrécie par l'ombre tombée des collines, la plaine paraissait, à son milieu, poudrée de farine d'amidon et enduite de blanc cold cream; dans l'air tiède, éventant les herbes décolorées et distillant de bas parfums d'épices, les arbres frottés de craie par la lune, ébouriffaient de pâles feuillages et dédoublaient leurs troncs dont les ombres barraient de raies noires le sol en plâtre sur lequel des caillasses scintillaient ainsi que des éclats d'assiettes.

En raison de son maquillage et de son air factice, ce paysage ne déplaisait pas à des Esseintes; mais, depuis cette après-midi occupée dans le hameau de Fontenay à la recherche d'une maison, jamais il ne s'était, pendant le jour, promené sur les routes; la verdure de ce pays ne lui inspirait, du reste, aucun intérêt, car elle n'offrait même pas ce charme délicat et dolent que dégagent les attendrissantes et maladives végétations poussées, à grand-peine, dans les gravats des banlieues, près des remparts. Puis il avait aperçu, dans le village, ce jour-là, des bourgeois ventrus, à favoris, et des gens costumés, à moustaches, portant, ainsi que des saints sacrements, des têtes de magistrats et de militaires; et, depuis cette rencontre, son horreur s'était encore accrue, de la face humaine.

Pendant les derniers mois de son séjour à Paris, alors que, revenu de tout, abattu par l'hypocondrie, écrasé par le spleen, il était arrivé à une telle sensibilité de nerfs que la vue d'un objet ou d'un être déplaisant se gravait profondément dans sa cervelle, et qu'il fallait plusieurs jours pour en effacer même légèrement l'empreinte, la figure humaine frôlée, dans la rue, avait été l'un de ses plus lancinants supplices.

Positivement, il souffrait de la vue de certaines physionomies, considérait presque comme des insultes les mines paternes ou rêches de quelques visages, se sentait des envies de souffleter ce monsieur qui flânait, en fermant les paupières d'un air docte, cet autre qui se balançait, en se souriant devant les glaces; cet autre enfin qui paraissait agiter un monde de pensées, tout en dévorant, les sourcils contractés, les tartines et les faits divers d'un journal.

Il flairait une sottise si invétérée, une telle exécration pour ses idées à lui, un tel mépris pour la littérature, pour l'art, pour tout ce qu'il adorait, implantés, ancrés dans ces étroits cerveaux de négociants, exclusivement préoccupés de filouteries et d'argent et seulement accessibles à cette basse distraction des esprits médiocres, la politique, qu'il rentrait en rage chez lui et se verrouillait avec ses livres. Enfin, il haïssait, de toutes ses forces, les générations nouvelles, ces couches d'affreux rustres qui éprouvent le besoin de parler et de rire haut dans les restaurants et dans les cafés, qui vous bousculent, sans demander pardon, sur les trottoirs, qui vous jettent, sans même s'excuser, sans même saluer, les roues d'une voiture d'enfant, entre les jambes.

aus: Joris-Karl Huysmans, „A rebours", Ende des II. Kapitels

Kommentar

Alle Ereignisse und Personen des Romans werden aus der subjektiven und dekadenten Perspektive des Protagonisten dargestellt. Seine Ausführungen erschließen wesentliche Aspekte des sozialen Dandyismus und der Überzeugungen des *fin de siècle*: Seine Negation der Gesellschaft und der Bourgeoisie *(il connaissait à peine le village, horreur de la face humaine, il haïssait les générations nouvelles)* trifft sich mit der Kultivierung des *spleen* und der intendierten Verfeinerung der Sinneswahrnehmungen *(sensibilité de nerfs)*. Der Protagonist schafft sich eine Kunstwelt, die er gerade um ihrer Künstlichkeit willen als Ausdruck seiner individuellen Kreativität schätzt *(poudrée de farine d'amidon, enduite de blanc cold cream, maquillage)*.

Hauptwerke	*La-bàs* (1891), Roman um den Schriftsteller Durtal, der eine kulturgeschichtliche Studie über den hingerichteten Verbrecher Gilles de Rais verfasst und bei seinen Recherchen immer tiefer in eine von Astrologie und Satanismus geprägte Welt hineingerät. Er verliebt sich in die schöne Mme Chantelouve und nimmt an einer Schwarzen Messe teil. Entsetzt und angewidert zieht er sich in die Einsamkeit zurück und muss erkennen, dass der Glaube für ihn keine Erlösung bieten kann.

En ménage (1881), naturalistischer Roman; *A vau-l'eau* (1882) naturalistischer Roman; *En rade* (1884), naturalistischer Roman; *En route* (1895), ästhetizistischer Roman; *La cathédrale* (1898), ästhetizistischer Roman.

4 Charles Baudelaire

Zur Person CHARLES BAUDELAIRE (1821–1867) wurde in Paris geboren, wo er den größten Teil seines Lebens verbrachte und auch starb. Nach dem frühen Tod seines Vaters heiratete Baudelaires Mutter den Offizier Aupick, den der Stiefsohn ein Leben lang hasste. Eine Seereise in die Karibik konnte seine Einstellung nicht verändern. Der sensible Junge reagierte mit rebellischer Aufsässigkeit gegen die bürgerliche Existenz und führte ein Leben als Dandy in der Bohème. Ausgiebiger Drogenkonsum und eine verschleppte Syphilis führten zunächst zu einer physischen Schwächung, später zur halbseitigen Lähmung und zum Verlust der Sprechfähigkeit. Baudelaire starb nach einem einjährigen Krankenhausaufenthalt.

Ästhetik **Schönheit:** Baudelaires Schönheitsbegriff ist überaus komplex und setzt sich aus zahlreichen Elementen zusammen. Zur *beauté* gehören notwendig Melancholie und Schmerz, worin sich der Einfluss des Marquis de Sade zeigt. Schönheit ist für Baudelaire zugleich ein umfassender Begriff, der die konkrete Wirklichkeit und die Unendlichkeit des Ideals umgreift. *Beauté* kann sich in der statischen Plastik ebenso zeigen wie in der verändernden Dynamik des menschlichen Geistes.

Modernité: Moderne Kunstwerke entdecken bei Baudelaire die Schönheit des Bösen. Die Entdeckung seiner schönen Aspekte führt zu seiner ästhetischen Erlösung. – Der Begriff „modern" ist nicht länger Gegenbegriff zu „antik", sondern beschreibt etwas Aktuelles, Zeitgenössisches.

Form: In seiner Lyrik bearbeitet Baudelaire – nach dem Muster der Parnassiens – insbesondere die Form. Im Unterschied zu dieser Gruppe heiligt hier jedoch nicht die Form den Inhalt, und es existiert ein lyrisches Ich. – Der sprachliche Ausdruck bleibt stets präzise und unmissverständlich. Baudelaire begreift den Stil als eine absolute Weise, die Dinge zu sehen.

Mimesis: Baudelaire lehnt die Natur ab und verwirft jedes künstlerische Nachahmungskonzept. An die Stelle der materiellen Welt tritt die Wahrnehmung als Gegenstand der Darstellung. Um die oberflächliche Welt zu durchdringen, verwendet er Menschen und Gegenstände als Symbole und Allegorien.

Imagination: Der Dichter besitzt nach Baudelaire die Fähigkeit, oberflächliche Zusammenhänge zu durchstoßen und neu zu ordnen. Er stellt stets aus der Erinnerung heraus dar, um nicht naturalistischer Nachahmung anheimzufallen und schafft somit eine mögliche Welt, die der Wirklichkeit wesenhaft zugrunde liegt.

Schock: In seiner Lyrik verknüpft Baudelaire weit Auseinanderliegendes und versucht, die Erwartungen seines Publikums zu durchkreuzen. Synästhesien, wie z. B. „roter Klang" oder „schreiender Nebel", verfremden Bekanntes und geben ihm eine neue Bedeutung. Hierdurch wird eine Schockerfahrung provoziert, die unverstellte Erfahrungen und Verständigung ermöglicht.

Dualismen

Kennzeichnend für Baudelaires Denken und seine Lyrik sind eine Reihe von Dualismen, die die inhaltlichen Spannungspole seines Werks bilden. Zu diesen zählen:

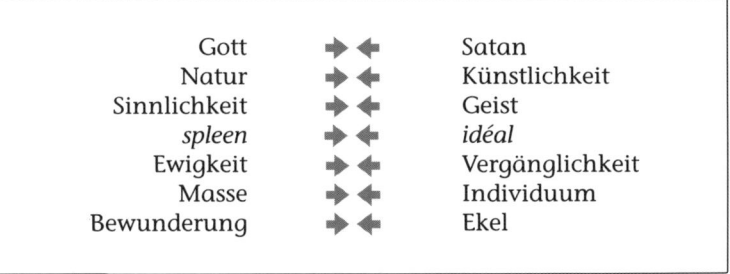

Gott	→ ←	Satan
Natur	→ ←	Künstlichkeit
Sinnlichkeit	→ ←	Geist
spleen	→ ←	*idéal*
Ewigkeit	→ ←	Vergänglichkeit
Masse	→ ←	Individuum
Bewunderung	→ ←	Ekel

Baudelaires Dualismen

Stoffe/ Motive

Die lyrische Gedankenwelt Baudelaires ist vom Eskapismus geprägt. Um der unbefriedigenden Wirklichkeit der Moderne zu entrinnen, wählt Baudelaire eine Reihe von Fluchtwegen:

Innovation: Das bestehende Schlechte kann nur durch fundamentale Erneuerung beseitigt werden. Alles Neue wird deshalb als Ablösung des Bestehenden emphatisch begrüßt.

Rausch: Die bedrückende Enge der modernen Alltagswelt soll durch den Rausch gesprengt werden. Durch Haschisch- und Opiumkonsum schafft sich Baudelaire seine *paradis artificiels,* die ihm neue Erfahrungsdimensionen erschließen.

Reisen: Die Bewegung des Reisens ist für Baudelaire ein häufig beschriebener Selbstzweck, bei dem es lediglich auf die Fortbewegung selbst und nicht auf das Ziel ankommt. Ideale Landschaften, wie z. B. Arkadien, werden mit diesem Motiv evoziert, zugleich jedoch verworfen.

Flâneur: Der Spaziergänger entzieht sich durch sein zielloses Streifen durch die Großstadt allen Nützlichkeitserwägungen. Er ist Teil der Masse und ihr zugleich enthoben.

Traum: Im Traum entkommt das Bewusstsein den Zwängen der Alltagswelt. Es vergisst die schlechte Realität und schafft sich eine neue Wirklichkeit, die Baudelaire auch als *surnaturalisme* bezeichnet. Der Traum ist der Ort punktueller Glückserfahrung.

Tod: Im Tod überwindet der Mensch die Grenzen der modernen Welt. Als *terra incognita* bewahrt er allein die Hoffnung auf eine bessere Existenz.

Negativ besetzte Begriffe	
Ennui	Der *Ennui* beschreibt die Erfahrung des langsamen und ziellosen Verrinnens unerfüllter Zeit. Hinzu tritt das Gefühl universaler Einsamkeit und Verlassenheit, das nur durch die Kunst kompensiert werden kann.
Spleen	Walter Benjamin definiert den *Spleen* als „das Gefühl, das der Katastrophe in Permanenz entspricht."

Positiv besetzte Begriffe	
Souvenir	Der Begriff *Souvenir* beschwört uneinholbar Vergangenes und verbindet damit doch zugleich die Hoffnung auf Wiederkehr des Erfahrenen.
Idéal	Das *Idéal* verkörpert für Baudelaire eine geistige Stufe, auf der sich der Mensch dem Unendlichen nähert.
Dandy	Der *Dandy* verkörpert ein Verhaltensideal, bei dem sich das Subjekt von allen naturhaften Zwängen lossagt und sich in vollendeter Künstlichkeit von der Gesellschaft distanziert.

Positiv und negativ besetzte Begriffe Baudelaires

Techniken

Allegorien: Mittels zahlreicher Allegorien, bei denen eine abstrakte Idee verdinglicht oder personifiziert wird, setzt Baudelaire seine visuellen Imaginationen in die poetische Praxis um (vgl. BENJAMIN [1980: 180 ff.]).

Metaphern: Durch die Ausarbeitung komplexer metaphorischer Bildfelder gelingt es Baudelaire, seiner bildhaften Vorstellungswelt einen anschaulichen Ausdruck zu geben. Die Kombination

unterschiedlicher Erfahrungsbereiche in jeder Metapher kann zusätzlich dazu beitragen, die Schockwirkung eines Textes zu steigern.

Hauptwerke

Les Fleurs du Mal (EA 1857, weitere ergänzte Ausgaben 1861 und 1868). Unter diesem Titel fasste Baudelaire in der Erstausgabe 100 Gedichte zusammen. Die Werke enthalten weder Erzählungen noch Beschreibungen, sie enthalten keine politischen oder philosophischen Reflexionen. Damit erfüllen sie alle Bedingungen einer *poésie pure*. Ihr Thema ist die von Natur aus böse Menschheit und die aus ihr entspringenden Erfahrungen *spleen* und *ennui*.

Nr.	Titel	Themen
1	*Spleen et Idéal*	Größe und Elend des Menschen
2	*Tableaux parisiens*	Großstadterfahrung; Mensch als Masse
3	*Le vin*	Rauscherfahrung; Drogenkonsum
4	*Fleurs du Mal*	Lust am Bösen; Negation von Erlösung
5	*Révolte*	Auflehnung gegen Gott
6	*La Mort*	Ungewissheit des Todes; Hoffnung

Thematische Gliederung der Fleurs du Mal

Textbeispiel I

Charles Baudelaire: A une passante

La rue assourdissante autour de moi hurlait.
Longue, mince, en grand deuil, douleur majestueuse,
Une femme passa, d'une main fastueuse
Soulevant, balançant le feston et l'ourlet;

Agile et noble, avec sa jambe de statue.
Moi, je buvais, crispé: comme un extravagant,
Dans son œil, ciel livide où germe l'ouragan,
La douceur qui fascine et le plaisir qui tue.

Un éclair... puis la nuit! – Fugitive beauté
Dont le regard m'a fait soudainement renaître,
Ne te verrai-je plus que dans l'éternité?

Ailleurs, bien loin d'ici! trop tard! jamais peut-être!
Car j'ignore où tu fuis, tu ne sais où je vais,
O toi que j'eusse aimée, ô toi qui le savais!
aus: Charles Baudelaire, „Les fleurs du mal"

Kommentar I

Das Gedicht aus dem Abschnitt der *Tableaux parisiens* folgt der klassischen Form des Sonetts, d. h. es besteht aus zwei Quartetten und zwei Terzetten. Mit Ausnahme der letzten Strophe wird der umschließende Reim verwendet (Reimschema: *abba cddc efe ghh*). Thematisch schildert es eine flüchtige und zufällige Großstadtbegegnung mit nachstehendem Ablauf:

V. 1	Darstellung des Ereignishintergrunds
V. 2	Annäherung einer Silhouette
V. 3–4	Einzelheiten der Person (Hand, Kleidung)
V. 5	Erster Eindruck von Perfektion
V. 6–8	Reaktion des lyrischen Ich
V. 9	Flüchtigkeit der Begegnung
V. 10–11	Zweiter bleibender Eindruck nach der Begegnung
V. 11–12	Hoffnung auf mystisches Jenseits
V. 13–14	Klage über versäumte Chance

Baudelaire passt die lautliche und rhythmische Form der Textaussage an, um die Idealisierung der schönen Unbekannten zu vervollkommnen: Mit der Lautfolge *u-our-our-u* in Vers 1 evoziert er den dort angesprochenen Straßenlärm; die ansteigenden rhythmischen Gruppen in Vers 2 korrespondieren der Vorstellung vollkommener Schönheit. – Die innere Erregung des lyrischen Ich wird durch den gebrochenen Rhythmus der Verse 6 und 7 unterstrichen. – Die mehrfach wiederholte Konsonantenfolge *s/z* in Vers 8 *(douceur, fascine, plaisir)* markiert das allmähliche Verschwinden der Frau. Mit der rhetorisch-negativen Frage im ersten Terzett drückt das lyrische Ich zunächst seine Hoffnung auf ein Wiedersehen aus, die sich jedoch im zweiten Terzett rasch verflüchtigt. Baudelaire gestaltet diesen Prozess formal durch die Abfolge der drei Ausrufe in Vers 12. – Mit dem Chiasmus *je-tu-tu-je* in Vers 13 bestätigt Baudelaire formal die Verschränkung der Schicksale beider Personen. Die Apostrophen in Vers 14 erzeugen in Verbindung mit dem Konditional der Vergangenheit das Paradox, dass das lyrische Ich einerseits an die Existenz der Liebe glaubt, andererseits an der Möglichkeit einer Beziehung zweifelt. – Baudelaire verbindet in seinem Gedicht das romantische Motiv der idealisierten Frau mit moderner Großstadterfahrung. Dabei verflüchtigt sich der Glaube an authentische Glückserfahrung und wird durch einen abgründigen Pessimismus ersetzt.

Textbeispiel II   *Charles Baudelaire: L'invitation au voyage*

> Mon enfant, ma sœur,
> Songe à la douceur
> D'aller là-bas vivre ensemble!
> Aimer à loisir,
> Aimer et mourir
> Au pays qui te ressemble!
> Les soleils mouillés
> De ces ciels brouillés
> Pour mon esprit ont les charmes
> Si mystérieux
> De tes traîtres yeux,

Brillant à travers leurs larmes.

Là, tout n'est qu'ordre et beauté,
Luxe, calme et volupté.

>   *Des meubles luisants,*
>   *Polis par les ans,*
> *Décoreraient notre chambre;*
>   *Les plus rares fleurs*
>   *Mêlant leurs odeurs*
> *Aux vagues senteurs de l'ambre,*
>   *Les riches plafonds,*
>   *Les miroirs profonds,*
> *La splendeur orientale,*
>   *Tout y parlerait*
>   *A l'âme en secret*
> *Sa douce langue natale.*

Là, tout n'est qu'ordre et beauté,
Luxe, calme et volupté.

>   *Vois sur ces canaux*
>   *Dormir ces vaisseaux*
> *Dont l'humeur est vagabonde;*
>   *C'est pour assouvir*
>   *Ton moindre désir*
> *Qu'ils viennent du bout du monde.*
>   *Les soleils couchants*
>   *Revêtent les champs,*
> *Les canaux, la ville entière,*
>   *D'hyacinthe et d'or;*
>   *Le monde s'endort*
> *Dans une chaude lumière.*

Là, tout n'est qu'ordre et beauté,
Luxe, calme et volupté.
aus: CHARLES BAUDELAIRE, „Les fleurs du mal"

Kommentar II Das Gedicht ist dem Abschnitt *Spleen et Idéal* entnommen und widmet sich der Gestaltung des Letzteren. Es ist in drei Strophen gegliedert, die sich wiederum in zwei Sechszeiler mit dem Reimschema *aabccb* aufteilen. Auf jeweils zwei Pentameter (fünfsilbige Verse) folgt ein Heptameter (siebensilbiger Vers). Die Strophen gestalten zunächst einen magischen Ort, dann das Paradies und schließlich ein tiefes Glücksempfinden. – Die erste Strophe basiert auf dem Parallelismus von Frau und Landschaft, die gemeinsam im Bildfeld von Feuer und Wasser beschrieben werden (Frau: *yeux brillants* V. 10f. / *larmes* V. 11; Landschaft: *soleils* V. 7 / *mouillés* V. 7).

Beide gehören untrennbar zu einem idealen Ort, der jedoch nur als Produkt der Einbildungskraft existiert: Nach dem Imperativ *Songe* (V. 2) werden beide zunächst im Konditional beschrieben *(décoreraient, V. 17; parlerait, V. 24)*. Erst in der dritten Strophe wechselt das lyrische Ich nach der Aufforderung *Vois* in den Indikativ (viennent, V. 34; revêtent, V. 36), womit die ideale Landschaft durch den Geist realisiert ist. Sie ist durch eine tiefe Harmonie geprägt, die phonetisch durch den Wechsel von *l* und *r* sowie durch den Gleichlaut *eu* unterstrichen wird („Les plus rares fleurs / Mêlant leurs odeurs", V. 18–19) – Dennoch ist das Paradies weder räumlich noch zeitlich zu lokalisieren: Das im Refrain wiederholte *là-bas* lässt lediglich die Distanz zur Lebenswelt des lyrischen Ich erkennen. Die massive Verwendung des Infinitiv *(vivre, aimer, mourir)* lässt darüber hinaus keine zeitliche Bestimmung zu. Die ideale Landschaft scheint über Vergangenheit, Gegenwart und Zukunft erhaben zu sein und sich der Ewigkeit anzunähern. Dementsprechend kommt es im Gedicht nicht zur eigentlichen Reise: Die Schiffe schlafen ebenso wie die Welt (V. 30; V. 39). Die strenge und regelmäßige Schönheit der idealen Landschaft *(ordre, beauté)* existiert nur als ein Versprechen, das sich nicht verwirklichen lässt. – Baudelaire gestaltet im Gedicht *L'invitation au voyage* sein autonomie-ästhetisches Programm, wonach das Kunstschöne eine eigenständige Welt bildet, die sich bewusst von der Wirklichkeit distanziert.

Rezeption Genau wie GUSTAVE FLAUBERT wurde auch Baudelaire der Prozess wegen Verletzung der Moral gemacht. Im Unterschied zu jenem, der straffrei ausging, musste Baudelaire sechs Gedichte aus der Erstausgabe der *Fleurs du Mal* herausnehmen.

5 Paul Verlaine

Zur Person PAUL VERLAINE (1844–1896) wurde in Metz geboren. Zahlreiche Frustrationen und früher Alkoholkonsum führten zu einem schnellen sozialen Abstieg in die unterste Bohème. Gemeinsam mit dem damals jugendlichen Dichter ARTHUR RIMBAUD unternahm er zahlreiche Reisen. Ihre homoerotische Beziehung endete im Jahre 1873, als Verlaine ihn mit einem Revolver verletzte. Die Jahre seiner Haft zählen zu den dichterisch produktivsten. Nach seiner Entlassung folgte erneut ein schneller sozialer Abstieg. Verlaine verbrachte lange Zeit im Armenhospital und starb unter erbärmlichen Umständen.

Hermetismus: Die lyrische Welt Verlaines ist weitgehend entkonkretisiert: Die benannten Dinge stehen nicht für sich selbst, sondern als Symbole für Gefühle und Zustände der Seele. Verlaine behauptet die Vorherrschaft des Traums über die Wirklichkeit. Seine Sprache bleibt unpräzise und öffnet sich einem breiten Interpretationsspektrum.

Einfachheit: Den Dichtern seiner Zeit empfiehlt Verlaine eine einfache Sprache und Komposition, die durch unerwartete Kombinatorik und stilistische Brüche verunsichert. Seine bevorzugte lyrische Ausgangsform ist das Chanson.

- Landschaften als Ausdruck von Seelenzuständen
- Depressive Stimmungsbilder
- Einsamkeit und Tod
- Skepsis und Melancholie
- Der Dichter als Außenseiter
- Mütterlichkeits- und Weiblichkeitsideale

Musikalität: In der Tradition des Parnasse legt Verlaine besonderen Wert auf die formale Ausgestaltung seiner Lyrik. Darüber hinaus ist er jedoch bestrebt, eine musikalische Wirkung zu erreichen. Hierzu bedient er sich einer Reihe lautlicher Techniken wie der Vokal- und Nasalwiederholung, Assonanzen und Konsonanzen sowie Binnenreimen. – Verlaine geht von einer Übereinstimmung von sprachlichem Laut und begrifflicher Bedeutung aus, so dass er sich allein auf den Lautaspekt konzentrieren kann.

Rhythmus: Verlaine lehnt die klassischen Versmaße wie den zwölfsilbigen Alexandriner und den achtsilbigen Octosyllabus, ab und versucht, sie vielerorts durch ungerade Rhythmen wie fünf- und siebensilbige Verse zu ersetzen.

Reime: Der Reim ist weitgehend in einer musikalischen Variation aufgehoben, die den Eindruck des Unbestimmten bzw. Vagen erzeugt. Zahlreiche Gedichte dürfen unter rein syntaktischen Gesichtspunkten als Prosa gelten. Allein die musikalische Verknüpfung verdeutlicht eine poetische Sprachverwendung.

Verfremdungen: In seiner Lyrik greift Verlaine auf zahlreiche Motive der Romantik zurück (religiöse Erbauung, Liebe, Melancholie, etc.), ohne dass sich daraus jedoch eine optimistische Zukunftserwartung oder -hoffnung ableiten ließe. Der Tenor seiner Gedichte bleibt pessimistisch, wenn nicht sogar verbittert. – Gefühle werden nicht mit den Mitteln der Innerlichkeitslyrik dargestellt, sondern auf Gegenstände projiziert.

Synästhesien: Die Theorie der Synästhesie geht davon aus, dass sich die sinnlichen Erfahrungen des Menschen in komplexer Weise überschneiden und gegenseitig stützen. Optische, akustische, olfaktorische und haptische Reize werden miteinander verknüpft. Die Verbindungen werden von Dichter zu Dichter unterschiedlich ausgelegt.

Hauptwerke

Poèmes saturniens (1866), Sammlung von vierzig Gedichten, in denen der Autor romantische Themen wie Naturerfahrung, verlorene Liebe und Verzweiflung bearbeitet, ohne dabei jedoch in das romantische Pathos zu verfallen. Sein Stil orientiert sich vielmehr an der formalen Strenge der Parnassiens.

Textbeispiel

Verlaine: Mon rêve familier

Je fais souvent ce rêve étrange et pénétrant
D'une femme inconnue, et que j'aime, et qui m'aime
Et qui n'est, chaque fois, ni tout à fait la même
Ni tout à fait une autre, et m'aime et me comprend.

Car elle me comprend, et mon cœur, transparent
Pour elle seule, hélas! cesse d'être un problème
Pour elle seule, et les moiteurs de mon front blême,
Elle seule les sait rafraîchir, en pleurant.

Est-elle brune, blonde ou rousse? – Je l'ignore.
Son nom? Je me souviens qu'il est doux et sonore
Comme ceux des aimés que la Vie exila.

Son regard est pareil au regard des statues,
Et, pour sa voix, lointaine, et calme, et grave, elle a
L'inflexion des voix chères qui se sont tues.
aus: PAUL VERLAINE, „Poèmes saturniens"

Kommentar

Das Sonett thematisiert die Begegnung des lyrischen Ich mit einer unbekannten weiblichen Traumgestalt, die als ideale Frau beschrieben wird. Unter vollständiger Beachtung der strengen Sonettform wird in einfacher und flüssiger Sprache zunächst die Annäherung beider beschrieben *(femme inconnue, ...que j'aime, ...qui m'aime)*, bis sich das Idealbild am Beginn des zweiten Terzetts schließlich wieder verflüchtigt *(regard des statues)*. Am Beginn des ersten Terzetts steht eine Art Dialog, der sowohl als innerer Monolog als auch als Leseransprache verstanden werden kann. Die Erscheinung der Frau wird in durchaus traditioneller Weise mit dem Todesmotiv verknüpft *(ceux des aimés que la Vie exila, des voix chères qui se sont tues)*. Die Darstellung entspricht der gängigen Traumsituation: Es finden sich keine Hinweise auf den Ort des Geschehens, und auch die Zeit des Zusammentreffens bleibt undeutlich. Es werden – wie im Traum – keine kausalen oder logischen Beziehungen hergestellt, keine Alternativen angedeutet, sondern es wird vielmehr in auffälliger Häufung auf das reihende *et* zurückgegriffen. – Thematisches Zentrum des Gedichts ist das lyrische Ich selbst, das über verschiedene Pronomen in beinahe jedem Vers präsent ist: Es beklagt seine Situation und das fehlende Verständnis der Umwelt. Der Trost in Gestalt der idealen Frau bleibt unwirklich.

Hauptwerke
Fêtes galantes (1869), Gedichtsammlung. Ausgehend von Motiven der Rokkokomalerei setzt sich Verlaine mit idyllischen Themen und insbesondere dem Spiel der Masken auseinander, mit dem er sich nicht mehr identifizieren kann. Die Masken stehen für ihn als Metaphern für Illusion und Enttäuschung, sie lösen nur noch Melancholie aus.

La bonne chanson (1870), Gedichtsammlung; *Romances sans paroles* (1874), Gedichtsammlung; *Sagesse* (1881), Gedichtsammlung; *Jadis et naguère* (1884), Autobiographie in Versform; *Parallèlement* (1889), Sammlung erotischer Gedichte; *Dédicaces* (1890); Sammlung von Gelegenheitsdichtungen.

6 Comte de Lautréamont

Zur Person
ISIDORE LUCIEN DUCASSE (1846–1870) wählte seinen Künstlernamen COMTE DE LAUTRÉAMONT nach einem Romanhelden Eugène Sues. Über sein kurzes Leben ist wenig bekannt: Er wurde in Montevideo als Kind französischer Eltern geboren, besuchte die Pariser Ecole polytechnique und hatte Zeit seines Lebens keinen Kontakt zu anderen Autoren. Er starb im Alter von 24 Jahren in einem Hotel.

Ästhetik
Lautréamont gilt in der Literaturgeschichtsschreibung als Begründer des Surrealismus. In unzusammenhängenden Gedankenassoziationen versucht der Dichter, Gegensätzliches und Ungleiches zu verknüpfen und so der modernen Erfahrungswirklichkeit sprachlich zu begegnen (Strukturzwang der modernen Lyrik). – Seine Ausdrucksform ist der freie Vers *(vers libre)*, der den Künstler von allen formalen Zwängen befreit.

Themen
- Physische und psychische Hässlichkeit
- Abscheu vor dem Leben
- Aufstand gegen Gott
- Entfesselung des Unterbewusstseins

Techniken
Formale Mimesis: Lautréamont ist bestrebt, die Gegenstände seiner Lyrik in formaler Entsprechung darzustellen. Beispielsweise kehrt in der berühmten Anrufung des Ozeans regelmäßig die Anapher *„Je te salue, vieil Océan"* wieder, womit das regelmäßige Kommen und Gehen der Wellen evoziert wird.

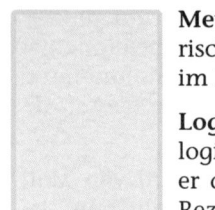

Metaphern: In seiner Lyrik nutzt Lautréamont diese kompositorische Stilfigur, um unerwartete und überraschende Wirkungen im Rezipienten zu erreichen.

Logische Überdetermination: Durch die markante Anhäufung logischer Verknüpfungen *(par conséquent, car, ainsi,* etc.) sprengt er die logischen Grenzen und bewirkt eine Verunsicherung des Rezipienten.

Hauptwerk

Les chants de Maldoror (1868, EA 1890), Prosagedicht um den Vampir Maldoror, dessen redender Name *(„mal d'aurore")* auf seinen nächtlichen Lebenswandel verweist. Er begeht zahlreiche Verbrechen und Greueltaten im vollen Bewusstsein, dass seine Handlungen unentschuldbar sind. Sein Ziel ist es, das absolut Böse zu erreichen.

Die Darstellung wechselt zwischen dem in der dritten Person sprechenden Maldoror zum Ich des Erzählers, die sich für den Rezipienten vermischen. Maldoror tritt in Gestalt von Raubtieren und Schauergestalten auf. Das Geschehen wird zunehmend undurchsichtig und ist für den Leser kaum nachvollziehbar. Dem entspricht auf sprachlicher Ebene eine überaus komplexe Satzstruktur.

1 Begriffsbestimmung und zeitliche Eingrenzung

Begriff

Der Begriff *Symbolisme* wurde von JEAN MORÉAS (1856–1910) geprägt, der 1886 mit einem literarischen Manifest, das in *Le Figaro* veröffentlicht wurde, die *Ecole symboliste* gründete. Laut RENÉ GHILS *Traité du verbe* (1886) strebt die symbolistische Poesie danach, sprachliche Referenzen auf Wirklichkeit zu tilgen und so das Wesen der Sprache selbst zu erfassen.

Vorläufer

Zu den Vorläufern und Wegbereitern des Symbolismus gehören vornehmlich solche Autoren des 19. Jahrhunderts, die sich um die poetische Form und um die Beseitigung romantischer Motive bemühten, wie GÉRARD DE NERVAL, CHARLES BAUDELAIRE und PAUL VERLAINE.

Eingrenzung

Der Symbolismus entstand am Ausgang des 19. Jahrhunderts. Er reagiert auf den offensichtlichen Geltungsverlust des wissenschaftlichen Positivismus und seines literarischen Ablegers, des Naturalismus. Im Mittelpunkt dieser Bewegung stand von Anfang an STÉPHANE MALLARMÉ, der mit zahlreichen anderen Künstlern in ständigem Kontakt stand. Trotz seiner kurzen Dauer war der Symbolismus literaturgeschichtlich überaus folgenreich. Der Begriffsschöpfer JEAN MORÉAS wandte sich bereits 1891 dem Klassizismus zu. Zahlreiche Literaturgeschichten datieren das Ende des *Symbolisme* auf das Jahr 1900.

Ideologie

Die Entstehung und der Erfolg des Symbolismus steht in engem Zusammenhang mit den historischen Entwicklungen und dem intellektuellen Klima der Epoche, die durch
■ die Niederlage von 1871,
■ die Niederschlagung der Commune,
■ den Zusammenbruch der sozialen Ordnung und
■ die pessimistische Philosophie SCHOPENHAUERS
geprägt ist. Sie führten zu einer negativen Ideologie, die sich mit Hilfe einiger Schlüsselbegriffe darstellen lässt:

Décadence: Gegen Ende des 19. Jahrhunderts empfinden sich zahlreiche Künstler als letzte Gipfelpunkte einer sterbenden Kultur. Ihre Kunst entfernt sich immer mehr von der traditionellen Mimesis. Die sich immer weiter differenzierende und kontingente Lebenswelt erzeugt die Erfahrung eines *ennui,* in dessen Folge sich die Künstler immer mehr auf die Realisierung einer autonomen

Kunstwelt konzentrieren, deren Realitätsgehalt den der bloßen Abbildung weit übertreffen soll. Diese zweite Wirklichkeit realisiert sich nicht über Details oder die Konstruktion übergreifender Zusammenhänge, sondern über die Evozierung von Stimmungen im Rezipienten. In seinem Gedicht *Edel* (1878) fasst PAUL BOURGET (1852–1935) seine Endzeitstimmung in die folgenden Worte:

Je suis un homme né sur le tard s'une race,
Et mon âme à la fois exaspérée et lasse,
Sur qui tous les aïeux pèsent étrangement,
Mêle le scepticisme et l'attendrissement;
L'immense obscurité de l'univers m'accable
Et j'éprouve, à sentir la vie inexplicable,
Une amère pitié qui me fait mieux chérir
Les êtres délicats et beaux qui vont mourir.
aus: PAUL BOURGET, „La vie inquiète" (1878)

Ennui: Die Weltanschauung der Symbolisten kreist wesentlich um den Begriff *ennui*. Er entstand bereits in den späten 30er-Jahren und erlebte nach 1880 seine Blüte. Der Begriff bezeichnet eine pessimistische Einstellung, die von der Unveränderbarkeit der schlechten gesellschaftlichen Wirklichkeit ausgeht. Der Künstler kann seine Worte nur noch wiederholen, eine Chance zur rationalen Analyse oder gar zur Reform gibt es nicht. Wenn der Künstler seinen *ennui* äußerlich dokumentiert, kommt es zum *spleen*. ERICH KÖHLER definiert den *ennui* als „die zum Gefühl der Endlosigkeit verdichtete Erfahrung der Lebensöde" (vgl. Köhler [1987: II: 132]).

Ästhetik

Die Symbolisten verstehen Literatur als Erkenntnisinstrument mit metaphysischen Dimensionen. Nur die Poesie soll in der Lage sein, das Absolute zu erfassen. Um dieses Ziel zu erreichen, berufen sich die Symbolisten auf einige ästhetische Schlüsselbegriffe:

Symbol: Symbolistische Dichtungen wollen über das Gegenständliche hinausgehen und auf die dahinterliegenden Ideen verweisen. Im Vergleich zur traditionellen Verwendung des Symbolbegriffs als konkreter Darstellung einer abstrakten Idee unterscheiden sich die dichterischen Symbole des Symbolismus in dreierlei Hinsicht:
- das konkrete Objekt wird nicht benannt, sondern nur angedeutet;
- das Symbol kann nicht eindeutig einem abstrakten Sachverhalt zugeordnet werden;
- das Symbol hat über die Referentialität hinaus eine eigene Erfahrungsqualität.

Autonomie: Die Symbolisten teilen die Überzeugung, dass die Lyrik aus ihren traditionellen formalen Fesseln befreit werden muss. Hierzu gehört auch, dass Kunst und Literatur alle gesellschaftlichen Bezüge aufkündigen und vollständig autonom werden. Symbolistische Kunst sucht keinen Kontakt zum Massenpublikum, sondern wendet sich an eine kleine Elite.

Hermetismus: In der symbolistischen Sprachdichtung wird der Klang- und Gefühlswert eines Wortes seiner Bedeutung übergeordnet. Hermetische Lyrik strebt nach Vieldeutigkeit und magischer Dunkelheit. Mit ihrer Forderung, Kunstwerke sollen das Unbewusste und die Träume des Künstlers darstellen, distanzieren sich die Symbolisten sowohl von den Naturalisten als auch von den Dichtern des Parnasse. Die Schlüsselbegriffe symbolistischer Ästhetik lauten:

- *Idéalisme*
- *liberté du vers*
- *musicalité*

Themen

- das Unterbewusstsein
- das Nichts
- der Tod
- die Kunst

Form

Stilmischung: Die sprachliche Form symbolistischer Lyrik ist durch zahlreiche Stilbrüche geprägt. Neben raffinierten und durchdachten Sprachkompositionen von extremer Eleganz stehen alltagssprachliche Wendungen, Sprachspiele und Volksweisheiten.

Synästhesien: In ihren Gedichten verknüpfen die Symbolisten häufig verschiedene Sinneseindrücke zu sogenannten Synästhesien (Farbenhören, Klängesehen, etc.). Damit sollen die Grenzen sinnlicher Wahrnehmung erweitert und die dichterische Aussage verstärkt werden.

Le vers libre: Die Kritik der Symbolisten richtete sich hauptsächlich gegen den klassischen Alexandriner (zwölfsilbiger jambischer Vers mit einer Zäsur nach der sechsten Silbe), den sie als unzumutbare Fessel ihrer kreativen Energien empfanden. An seiner Stelle propagierten sie den freien Vers, bei dem weder die Länge noch die Form der Strophe festen Regeln unterworfen sind. Häufig zählen symbolistische Verse mehr als zwölf Silben.

2 Gattungen

1 Lyrik

Bedeutung

Die literarische Produktion des französischen Symbolismus fand in der Lyrik ihren ertragreichen Niederschlag. Die traditionelle Bindung an Subjektivität und die Möglichkeit innovativer Sprachverwendung machen sie zum wichtigsten Medium dieser literarischen Bewegung. Darüber hinaus entgeht die Lyrik aufgrund ihrer wenig publikumsorientierten Darstellungsform der Gefahr, sozialen Funktionsbestimmungen oder wirtschaftlichen Verwertungszusammenhängen anheim zu fallen.

Prosagedichte

Die literaturgeschichtlichen Wurzeln des Prosagedichts *(poème en prose)* liegen weitgehend im Dunkeln. Als frühes Beispiel dieser Form an der Grenze von Epik und Lyrik gelten einzelne Abschnitte aus MONTESQUIEUS *De l'esprit des lois* (1748). In der Romantik ist sie etwa bei LAMARTINE anzutreffen. Als wieder entdeckte Form fand das Prosagedicht in der symbolistischen Bewegung großen Anklang, weil sie als Befreiung der dichterischen Sprache von den Zwängen traditioneller Lyrik (Reim, Silbenzahl, etc.) verstanden wurde. Prosagedichte können sehr lang sein, wie beispielsweise die *Chants de Maldoror* von LAUTRÉAMONT beweisen. – Vom Prosagedicht ist die poetische Prosa *(prose poétique)* zu unterscheiden, die von der Prosa ausgeht und epische Texte mit sprachlichem Rhythmus, Gleichklängen u. ä. unterlegt.

Stéphane Mallarmé: «Je dis: une fleur! et hors de l'oubli où ma voix relègue aucun contour, en tant que quelque chose d'autre que les calices sus, musicalement se lève, idée même et suave, l'absente de tous bouquets.» *(L'avant-dire au Traité du verbe de René Ghil, 1886)*

↑

Arthur Rimbaud: «Je dis qu'il faut être voyant, se faire voyant. – Le poète se fait voyant par un long, immense et raisonné dérèglement de tous les sens.» *(Lettre à Paul Demeny, 1871)*

↑

Charles Baudelaire: «...à travers la poésie [...] l'âme entrevoit les splendeurs situées derrière le tombeau.» *(Notes nouvelles sur Edgar Poe, 1857)*

↑

Gérard de Nerval: « ... dans mes idées, les événements terrestres pouvaient coïncider avec ceux du monde surnaturel...» *(Aurélia, 1855)*

↑

Victor Hugo: «Sous le monde réel, il existe un monde idéal...» *(Les Odes, 1822)*

Lyrische Wirklichkeitskonzeptionen im 19. Jahrhundert

2 Dramatik

Bedeutung

Die wenigen Versuche, ein poetisches Theater *(théâtre poétique)* zu etablieren, lassen sich in erster Linie als Reaktion auf naturalistische Faktenbesessenheit verstehen. Als bekanntester Autor gilt der Belgier MAURICE MAETERLINCK (1862–1949), dessen Stück *Pelléas* (1892) von DÉBUSSY zur Oper *Pelléas et Mélisande* (1902) umgearbeitet wurde.

Gesamt-kunstwerke

In der Absicht, verschiedene Kunstformen zusammenzuführen und den Rezipienten über alle seine Sinne anzusprechen, verknüpft das symbolistische Theater Musik, Tanz, Malerei und szenisches Spiel. Sogar der Geruchssinn sollte durch das Versprühen verschiedener Parfums einbezogen werden. Im Zentrum des Interesses steht jedoch das Wort, bzw. der Text. Abgesehen hiervon hat das symbolistische Theater kaum etwas mit dem Drama früherer Epochen zu tun: Es verzichtet weitgehend auf eine zusammenhängende Intrige, auf die Entwicklung einer Protagonistenpsychologie sowie auf jede Form von „realistischer" Darstellung.

Innerlich-keitsdramen

Insbesondere das symbolistische Drama MAURICE MAETERLINCKS versuchte, das äußere Geschehen auf ein Minimum zu reduzieren. Dies geschah zum einen über den Bruch mit traditionellen Raum-Zeit-Bezügen und zum anderen durch die Verinnerlichung der dramatischen Handlung. Beides widerstreitet der dramatischen Gattungsform, weshalb seine Dramen keine Tradition stifteten.

3 Epik

Roman

Im letzten Drittel des 19. Jahrhunderts stand der Roman eindeutig im Zeichen naturalistischer Vorherrschaft und bot dadurch den Symbolisten nur wenig Anknüpfungspunkte. Autoren wie JOSEPH-ARTHUR DE GOBINEAU (1816–1882) und LÉON BLOY (1846–1917) versuchten, in ihren narrativen Werken eine Apologie des Geistesaristokraten und intellektuellen Ausnahmewesens zu verfassen.

3 Autoren

1 Jean-Arthur Rimbaud

Zur Person

JEAN-ARTHUR RIMBAUD (1854–1891) wurde als jüngstes Kind eines französischen Offiziers geboren. Seine Jugendjahre standen im Zeichen einer unbändigen Lektüre und der Auseinandersetzung mit den Eltern. Die Kriegserfahrung von 1870/71 bringt ihn in eine oppositionelle Haltung zur Regierung und französischen Gesellschaft überhaupt. Zugleich begeistert er sich für die Ideen der Pariser Kommune. Von 1872 bis 1873 führt er ein poetisch produktives Bohèmedasein mit dem wesentlich älteren PAUL VERLAINE. Nach dem dramatischen Bruch ihrer Beziehung gibt Rimbaud das Schreiben auf, unternimmt zahlreiche Reisen. Er engagiert sich im Kaffee- und Waffenhandel und stirbt nach einer Beinamputation im Krankenhaus von Marseille.

Themen

- Herrschaft des Hässlichen und Schrecklichen
- Revolte gegen Gott
- Antike mythologische Stoffe
- Unerfüllte Erotik
- Emanzipation der Frau

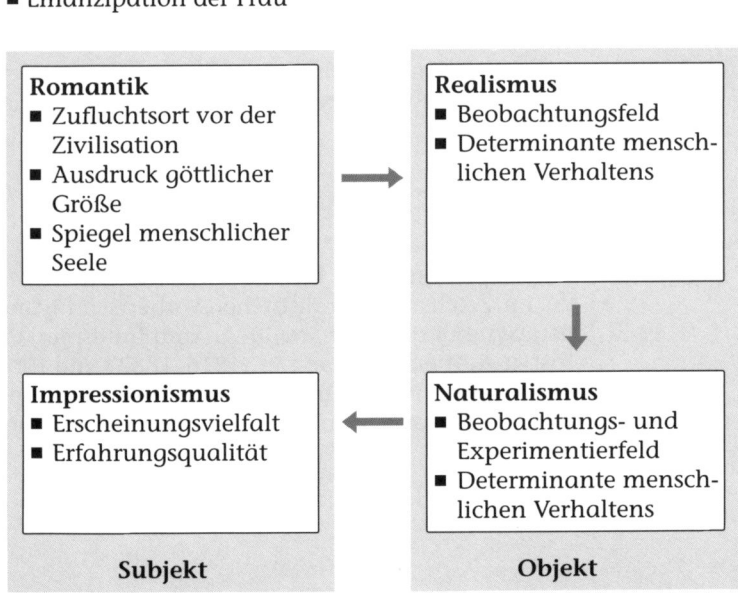

Literarische Naturbegriffe im 19. Jahrhundert

Einflüsse

Parnasse: Rimbaud knüpft zunächst am formalen Perfektionsstreben des Parnasse an. Seine lyrischen Texte sind formal durchgearbeitet und zeigen streng rationale Charakteristika. Erst ab 1871 werden seine Gedichte hermetisch.

Commune: Das politische Engagement Rimbauds führte u. a. dazu, dass er seine dichterische Tätigkeit mit dem revolutionären Streben des Kommune-Aufstands verglich, deren Ziele er sich zeitweise zu eigen machte.

Kabbala: Rimbauds Dichtungstheorie weist zahlreiche Übereinstimmungen mit kabbalistischen Ideen auf. Der Grundgedanke der Kabbala, derzufolge Gott auf der Seele der Menschen spielt wie ein Musiker auf einer Geige, verbindet sich hier mit dem alten Konzept des göttlichen Wahnsinns des Dichters, dessen Erfahrungsreichtum den normaler Menschen bei weitem übertrifft. Zu diesem Zweck distanziert er sich von allen gewohnten Wahrnehmungen, was zu einem *dérèglement de tous les sens* führt. Rimbauds berühmter Satz „Je est un autre" ist Ausdruck beider Ideen: Unter göttlicher Leitung wird der Dichter zum Seher. Mittels der lyrischen Sprache zeigt er die mystische Ordnung hinter der chaotisch und kontingent anmutenden Wirklichkeit.

Ästhetik

Rimbauds lyrische Praxis ist der Versuch, ästhetische Traditionen und Konventionen permanent zu überschreiten. Der Dichter ist einem Seher vergleichbar, dessen Werke vertiefte Einblicke in reale Sachverhalte gewähren.

Techniken

Sprache: Rimbaud versuchte, mit seiner Dichtung eine neue Sprache zu entwickeln, die im Rezipienten bestimmte Assoziationen auslöst *(Alchimie du verbe)*. Bei diesem Vorgang spielt weniger die Wortbedeutung als vielmehr der Klang und der Rhythmus die entscheidende Rolle. Die Worte werden ihres referentiellen Bezugs entkleidet und ausschließlich funktional gesehen.

Versifizierung: Rimbaud gilt als Erfinder des freien Verses *(vers libre)*. Die in der Lyrik verarbeiteten Erfahrungen allein sollen den sprachlichen Rhythmus bestimmen, womit sich seine Lyrik von allen traditionellen Gattungskonventionen lossagt.

Synästhesien: Wie zuvor bei Verlaine, spielen komplexe Überschneidungen unterschiedlicher Sinneseindrücke im Werk Rimbauds eine große Rolle. Durch die Kombination von ursprünglich Disparatem versucht er, die kabbalistische Harmonie hinter den Dingen zu zeigen, die sich der gewöhnlichen Erfahrung entzieht.

Metaphern: Mit Hilfe von sog. absoluten Metaphern versucht Rimbaud, die verborgene Harmonie der Dinge hinter der chaotischen Fassade aufzudecken. Konkretes wandelt sich in ihnen zum Abstrakten und umgekehrt, so dass aus ihrer Verbindung etwas Irreales entsteht.

Verfremdung: Inhaltlich bezieht er sich auf antike und romantische Motive, die er bewusst entstellt und verfremdet, wodurch er zugleich mit der Tradition bricht. Beispielsweise werden wiederholt Naturmotive als künstliche Erzeugnisse industrieller Fertigung vorgestellt. Durch Auslassung und Modifizierung werden traditionelle Erwartungshorizonte bewusst durchbrochen.

Hauptwerke

Le bateau ivre (entstanden 1871, EA 1883), Gedicht in 25 Strophen. Im Bildfeld des steuerungslos dahintreibenden Schiffes formuliert Rimbaud metaphorisch die menschliche Existenz. Im beständigen Zwiespalt von Stolz und Resignation schafft er bedrückende Bildfolgen, die zwischen Angst- und Wunschphantasien und durchaus realistischen Beschreibungen schwanken. In den „absoluten Metaphern" (vgl. Friedrich [1956: 72f.]) Rimbauds zeigt sich die beklemmende Einsicht der Vergeblichkeit menschlichen Lebens.

Une saison en enfer (1873), bekenntnishafte Dichtung mit deutlich autobiographischen Zügen. Aus Verzweiflung am Guten bekennt sich der Dichter zum Bösen, woraus jedoch nur neue Verzweiflung erwächst. Rimbaud begreift seine Erfahrungen als repräsentativ für sein Zeitalter. Gesellschaft und Natur werden als Kerker gesehen, aus dem es kein Entrinnen gibt. Der Tod beendet das Leben ohne Aussicht auf ein Jenseits. Das Werk trägt neben Zügen von Blasphemie zugleich Züge der Gottesanrufung.

Illuminations (EA 1886), unfertige Gedichtsammlung, von Verlaine herausgegeben, die den Eindruck der Unordnung und fehlender Logik hinterlässt. Die meisten Gedichte lassen sich nicht exakt datieren, entstanden aber wahrscheinlich in den Jahren 1872 bis 1873, die Rimbaud mit Verlaine verbrachte. Rimbaud drückt seinen Hass auf die Zivilisation und die Gesellschaft seiner Zeit aus. Die Absurdität und Grausamkeit der Welt verlangt nach einer Reinigung, die Rimbaud als Hoffnung in der revoltierenden Arbeiterschaft der Pariser Kommune heraufdämmern sieht. Daneben zeugen viele Gedichte aber auch von tiefer Depression und Resignation.

Textbeispiel

Arthur Rimbaud: Les effarés

Noirs dans la neige et dans la brume,
Au grand soupirail qui s'allume,
  Leurs culs en rond,

A genoux, cinq petits – misère! –
Regardent le Boulanger faire
  Le lourd pain blond.

Ils voient le fort bras blanc qui tourne
La pâte grise et qui l'enfourne
            Dans un trou clair.

Ils écoutent le bon pain cuire.
Le Boulanger au gras sourire
            Grogne un vieil air.

Ils sont blottis, pas un ne bouge
Au souffle du soupirail rouge
            Chaud comme un sein.

Quand, pour quelque médianoche
Façonné comme une brioche
            On sort le pain,

Quand sous les poutres enfumées,
Chantent les croûtes parfumées
            Et les grillons,

Que ce trou chaud souffle la vie,
Ils ont leur âme si ravie
            Sous leurs haillons,

Ils se ressentent si bien vivre,
Les pauvres Jésus pleins de givre,
            Qu'ils sont là tous

Collant leurs petits museaux roses,
Au treillage, grognant des choses
            Entre les trous,

Tout bêtes, faisant leurs prières
Et repliés vers ces lumières
            Du ciel rouvert,

Si fort, qu'ils crèvent leur culotte
Et que leur chemise tremblote
            Au vent d'hiver.

Kommentar

Les effarés ist ein frühes Werk Rimbauds, das er im Alter von sech-
zehn Jahren schrieb. Vordergründig handelt es sich um die Darstellung verstoßener und verzweifelter Kinder, die während einer
Winternacht einem Bäcker bei der Arbeit zusehen. Dieser nimmt
sie nicht wahr. Die vordergründige soziale Anklage erweitert sich
bei der Betrachtung der Gedichtform: Diese setzt sich aus zwölf
Strophen zusammen, die jeweils aus zwei Achtsilbern und einem
abschließenden Viersilber bestehen. Die äußerst reduzierte Darstellung verknappt die Aussage des Gedichts. Deutlich tritt ein
zweiteiliger Aufbau hervor: Die Strophen I–V geben ausschließlich sinnliche Eindrücke wieder: Schwarz, Weiß, Feuer, Umrisse

werden zunächst benannt und anschließend emotional interpretiert: Aus *Le lourd pain blond* (II) wird *le bon pain* (IV) und aus *le fort bras blanc* wird *le gras sourire* (IV). Der Stil ist abgehackt, und die meisten Worte bestehen nur aus einer Silbe. Die Strophen VI–XII bilden demgegenüber ein einziges Satzgefüge, das bis zum Hauptsatz in Strophe IX ansteigt und dann abfällt. Dieser formale Aufbau entspricht der kindlichen Begeisterung der Protagonisten, die den Bäcker schließlich sogar für Gott halten. Erst die letzte Strophe entwickelt eine ironische Gegenbewegung.

2 Stéphane Mallarmé

Zur Person

STÉPHANE MALLARMÉ (1842–1898) wurde als Sohn eines Pariser Beamten geboren, besuchte ein exklusives Internat und bestand das Abitur erst im zweiten Anlauf. 1862 heiratete er eine deutsche Frau und bekleidete ab 1864 eine Stelle als Englischlehrer in Tournon. Abgesehen von einigen Jugendgedichten schrieb er ab 1861 – dem Jahr seiner ersten Baudelaire-Lektüre – kontinuierlich Gedichte. Wegen seines Drangs nach Perfektion blieb sein Œuvre dennoch vergleichsweise schmal. Schon zu Lebzeiten scharrte er eine Gruppe von Dichtern um sich, zu denen u. a. PAUL VALÉRY (1871–1944) zählte.

Perioden

Das Gesamtwerk Mallarmés wird häufig in zwei Perioden gegliedert: Die erste Periode umfasst das Jugendwerk bis zum Jahre 1864, das deutlich im Zeichen seiner Baudelaire-Begeisterung steht. Als Motive stehen u. a. Prostitution und Satan im Vordergrund. – In der zweiten Periode entwickelt er eine neue Sprach- und Dichtungskonzeption. Hier geht es nicht mehr um Konkretes, sondern um die Verbindung von Realem und Irrealem, durch die neue Einsichten gewonnen werden können.

Ästhetik

Schönheit: *Beauté* ist für Mallarmé ein ambivalenter Begriff. Er versteht sie zunächst als etwas rein Geistiges, Immaterielles. Durch den Genuss, den sie verspricht, wendet sie sich aber notwendig an Sinnlichkeit und Emotionalität, die der kunstfernen Wirklichkeit der materiellen Welt zuzurechnen sind. Die künstlerische Darstellung soll die konkrete Empirie hinter sich lassen und die Gegenstände lediglich suggerieren, nicht etwa benennen.

Hermetismus: Mallarmé versteht lyrische Werke als mysteriöse Gebilde, die der Leser in einem Akt der Anstrengung mit Blick auf ihre Klang- und Gefühlswerte dechiffrieren muss. Sie zielen auf ein kleines und vorgebildetes Publikum. Die von der Forschung oft konstatierte „Dunkelheit" seiner Werke hat hier ihren Ursprung.

Sprache der Dichtung: In seinen theoretischen Aussagen unterscheidet Mallarmé die Sprache der Dichtung streng von der Alltagssprache. Im Unterschied zur letzteren ist sie funktionslos und ohne Bezug zur konkreten Erfahrungswirklichkeit.

Alltagssprache	Sprache der Dichtung

– utilitaristisch
– konkret-referentiell
– konventionell-
  regelorientiert
	– funktionslos
	– verweist auf „Ideen"
	– innovative
	  Wortkombinatorik

Zur Sprachtheorie Mallarmés

Autonomie: Wahre Kunst hat sich nach Mallarmé von der konkreten Erfahrungswirklichkeit zu distanzieren und keine sozialen Aufgaben zu übernehmen *(poésie pure)*. Indem sich die Dichtung so weit wie möglich von der „normalen" Sprachverwendung distanziert, gelingt es ihr, die Unzulänglichkeit der materiellen Erfahrungswirklichkeit zu überwinden.

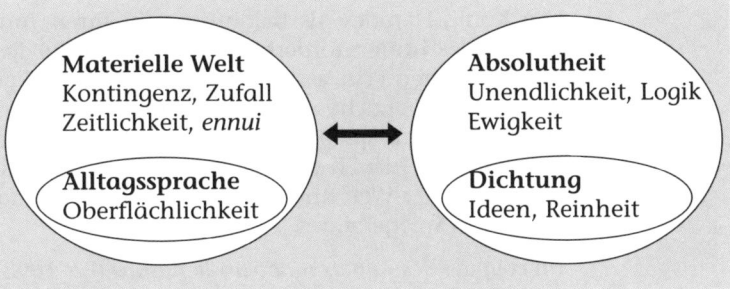

Zum Verhältnis von Kunst und Realität bei Mallarmé

Themen

- Satan und das Böse
- Zufall *(hasard)*
- Verzicht
- (Tag-)Traum
- Angst und Tod
- Die Kunst selbst *(poésie pure)*
- Das Nichts *(le néant)*

Widersprüche

Die Aufzählung von Motiven verdeutlicht, dass Mallarmé die hohen Ansprüche an seine Dichtung nur über Referenz auf die materielle Welt realisieren kann. Die imaginären Ideen können nur im Rückgriff auf sinnliche Erfahrungen dargestellt werden. Insbesondere *ennui* und *hasard* gehören der materiellen Sphäre an, von der sich die Dichtung distanziert. Damit rückt sein Ziel, eine absolute Dichtung zu schaffen, in weite Ferne. Als einziger Ausweg bietet sich im Spätwerk die Darstellung des Nichts *(le néant)* an.

Techniken

Um das Nichts *(le néant)* darzustellen, entwickelt der späte Mallarmé eine Reihe inhaltlicher und formaler Techniken. Gegenstand seiner Lyrik sind häufig der Verzicht, das Verschwinden und die Farbe Weiß, die zumeist adjektivisch erscheint und zugleich Leere und Reinheit symbolisiert. Unter formalen Gesichtspunkten dienen typographische Auslassungen, Leerstellen und eine fragmentarisierte Metrik dazu, das Nichts zu evozieren.

Hauptwerke

L'après-midi d'un faune (EA 1876), auf der formalen Basis einer Ekloge schildert Mallarmé die Begegnung eines lüsternen Faun, eines mystischen Fabelwesens der Antike, mit zwei schlafenden Nymphen. Ehe er sich für ein Objekt seiner Begierde entscheidet, erwachen beide und entfliehen. Dem Faun bleibt nichts als die Unsicherheit, ob es sich bei seinem Erlebnis um einen Tagtraum, eine Erinnerung oder um ein wirkliches Ereignis gehandelt hat. Sein Begehren bleibt unerfüllt und gewinnt gerade dadurch an ästhetischer Qualität.

Hérodiade (EA 1887). In Anlehnung an die biblische Salome, die von König Herodes als Belohnung für ihren Tanz den Kopf Johannes des Täufers fordert, verfasste Mallarmé die Geschichte der jungfräulichen Prinzessin Hérodiade, die zurückgezogen von der Welt ihrem Verzicht und damit ihrer Reinheit huldigt. Sie betrachtet sich im Spiegel und verkörpert damit in zweifacher Weise Mallarmés Ideal des *néant:* Erstens durch ihre Verzichtshaltung gegenüber der Welt und zweitens durch die immaterielle Gegenwart ihres Spiegelbildes.

Un coup de dés jamais n'abolira le hasard (EA 1898), hermetisches Gedicht, das mit verschiedenen typographischen Mitteln zu verdeutlichen sucht, dass die durch den Zufall bestimmte Kontingenz des gesellschaftlichen Lebens nicht überwunden, aber durch die dichterische Schöpfung in die Schranken gewiesen werden kann.

Textbeispiel

Malarmé: Brise marine

La chair est triste, hélas ! et j'ai lu tous les livres.
Fuir! là-bas fuir! Je sens que des oiseaux sont ivres
D'être parmi l'écume inconnue et les cieux!
Rien, ni les vieux jardins reflétés par les yeux
Ne retiendra ce cœur qui dans la mer se trempe
O nuits! ni la clarté déserte de ma lampe
Sur le vide papier que la blancheur défend
Et ni la jeune femme allaitant son enfant.

Je partirai! Steamer balançant ta mâture,
Lève l'ancre pour une exotique nature!

Un Ennui, désolé par les cruels espoirs,
Croit encore à l'adieu suprême des mouchoirs!
Et, peut-être, les mâts, invitant les orages
Sont-ils de ceux qu'un vent penche sur les naufrages
Perdus, sans mâts, sans mâts, ni fertiles îlots ...
Mais, ô mon cœur, entends le chant des matelots!

Kommentar

Mallarmé bedient sich im Gedicht *Brise marine* des Meeres als Metapher für den Tod, die beide durch den Vergleichsbereich Unendlichkeit miteinander verbunden sind. Abgesehen von einer Zäsur, die das Gedicht in zwei ungleiche Strophen teilt, ist keine weitergehende Gliederung erkennbar. Es lässt sich jedoch ein psychologisch folgerichtiger Gedankengang rekonstruieren. Mit seinen berühmten Anfangsworten „La chair est triste, hélas!" gibt das lyrische Ich zunächst die Einsicht wieder, dass keine sinnliche Erfüllung oder Glückserfahrung möglich ist. Zugleich lässt sich auch intellektuell *(livres,* V. 1) keine tiefe Erkenntnis erringen. Angesichts dieser bedrückenden Perspektive äußert das lyrische Ich Fluchtgedanken. Es strebt zum Meer, um dort – wie die Vögel – den Rausch von Fremde, Freiheit und Ungebundenheit zu erleben. Keine Erinnerung ist stark genug, um es zurückzuhalten, weder die junge Liebe im Park (V. 4), noch die dichterisch-kreative Arbeit (V. 6–7) oder das traute Familienleben (V. 8). Mit dem Entschluss zum Aufbruch endet die erste Strophe. – Die zweite Strophe bricht mit der optimistischen Erwartung: Mit der bloßen Flucht kann das lyrische Ich dem *ennui* kaum entrinnen. Statt dessen drohen Gefahren, wodurch es in Todesangst gerät, ein Zustand, der formal durch die Wiederholung „sans mâts, sans mâts" (V. 15) unterstrichen wird. An dieser Stelle erkennt das lyrische Ich, dass die ersehnte unendliche Freiheit nur im Tod erzielt wird, wovor es jedoch zurückschreckt. Mit dem letzten Vers gibt es sich – wider besseres Wissen – den Verlockungen des Meeres hin. – Das Gedicht thematisiert eine Abwesenheitserfahrung (hier: Freiheit) und reiht sich damit motivlich in die für Mallarmé charakteristische Darstellung des *Néant* ein. Es evoziert Bilder, die vom Rezipienten verknüpft und interpretiert werden sollen.

3 Maurice Maeterlinck

Zur Person

MAURICE MAETERLINCK (1862–1949) wurde in Belgien geboren, besuchte dort eine Jesuitenschule und absolvierte ein Jurastudium. 1886 kam er nach Paris und verfasste dort ab 1889 symbolistische Verse und Dramen. Bis zur Jahrhundertwende verfasste er überwiegend Gedichte in dekadentem Stil sowie dramatische Einakter, die von einem tiefen Pessimismus getragen waren. Nach 1900 bevorzugte er die Gattung des Psychodramas. Maeterlinck war schon in jungen Jahren berühmt. 1911 erhielt er den Literaturnobelpreis für sein Gesamtwerk. Seit 1949 war er der Präsident des Internationalen PEN-Clubs.

Ästhetik

In seinen frühen Dramen war Maeterlincks dramatisches Werk von einem schweren Pessimismus geprägt. Er bevorzugte den Einakter, der schon von der Form her keine Entwicklung zulässt. Längere Dramen sind durch kurze Akte und häufige Szenenwechsel gekennzeichnet.

Stoffe/Motive

- Kraft der Liebe
- Undurchschaubarkeit des Schicksals
- Tod

Figuren

Die Redeweise seiner dramatischen Figuren ist indirekt und oft schwer verständlich. Ihre Marionettenhaftigkeit ist Ausdruck seines Fatalismus. Ihre Handlungen sind geheimnisvoll und vieldeutig.

Hauptwerke

La Princesse Maleine (1889), Schauspiel in fünf Akten. Um ihrem Liebhaber, Prinz Hjalmar, treu zu bleiben, lässt sich Prinzessin Maleine von ihrem Vater in einen fensterlosen Turm sperren. König Hjalmar glaubt, dass sein Sohn zurückgewiesen wurde und zerstört das Reich der Prinzessin. Nach der Schlacht verlässt diese ihren Turm und wird am Hofe Hjalmars empfangen. Durch das Intrigenspiel der Königin Anna von Jütland ermordet König Hjalmar die Prinzessin. Prinz Hjalmar tötet daraufhin Anna und schließlich sich selbst.

Das Schauspiel thematisiert die Undurchschaubarkeit des Schicksals. Die Personen handeln in einer fiktiven Traumwelt und wirken seltsam geistesabwesend.

Les aveugles (1890), symbolistisches Drama. Ein Priester führt zwölf Blinde in einen Wald. Als er plötzlich und unvorhergesehen stirbt, finden sie nicht mehr heraus. Ein herbeigelaufener Hund findet die Gruppe, doch weicht er der Leiche nicht von der Seite. Kurz darauf bricht ein Schneesturm herein, und die Blinden deuten geheimnisvolle Schritte, die sie immer deutlicher hören, als den sich nähernden Tod.

Das Drama ist vielfach als Ausdruck von Maeterlincks Zahlenmystik interpretiert worden. Sein tiefer Pessimismus drückt sich gerade darin aus, dass auch innige freundschaftliche Verbundenheit die Blinden nicht aus ihrer Situation retten kann.

Pelléas et Mélisande (1892), Drama in fünf Akten, von DÉBUSSY vertont. Auf einer Reise trifft der schurkische Prinz Golaud auf die schöne und traurige Mélisande. Er heiratet sie und nimmt sie mit auf sein Schloss in den Wäldern. Dort begegnet sie Golauds jüngerem Halbbruder Pelléas. Die unschuldige Zuneigung zwischen beiden steigert sich zur Liebe, als Pelléas Mélisandes lange Haare umfasst. Der vor Eifersucht rasende Golaud tötet seinen Bruder und verletzt Mélisande, die anschließend aus Kummer stirbt. Der erschütterte Golaud erkennt seinen Fehler zu spät und gewinnt Einsicht in seine eigene Liebesunfähigkeit.

Die dramatischen Personen haben keine Innerlichkeit, und es gibt keinen psychologischen Konflikt. Alle Protagonisten scheinen vom Schicksal getrieben zu sein, das sie nicht oder zu spät erkennen.

Textbeispiel

MÉLISANDE: J'ai ouvert la fenêtre; la nuit me semblait belle...
PELLÉAS: Il y a d'innombrables étoiles; je n'en ai jamais vu autant que ce soir... Mais la lune est encore sur la mer... Ne reste pas dans l'ombre, Mélisande, penche-toi un peu, que je voie tes cheveux dénoués. (Elle se penche).
PELLÉAS: Oh! Mélisande!... Oh! tu es belle!... tu es belle ainsi!... penche-toi! penche-toi!... laisse-moi venir plus près de toi...
MÉLISANDE: Je ne puis pas venir plus près... Je me penche tant que je peux...
PELLÉAS: Je ne peux pas monter plus haut... donne-moi du moins ta main ce soir... avant que je m'en aille... Je pars demain...
[...]
MÉLISANDE: Voilà, voilà... je ne puis me pencher davantage...
PELLÉAS: Mes lèvres ne peuvent pas atteindre ta main...
MÉLISANDE: Je ne puis pas me pencher davantage... Je suis sur le point de tomber... – Oh! oh! mes cheveux descendent de la tour!...
(Sa chevelure se révulse tout à coup, tandis qu'elle se penche, et inonde Pelléas).
PELLÉAS: Oh! Oh! qu'est-ce que c'est?... Tes cheveux, tes cheveux descendent vers moi!... Toute ta chevelure, Mélisande, toute ta chevelure est tombée de la tour!... Je la tiens dans mes mains, je la touche des lèvres... Je la tiens dans les bras, je la mets autour de mon cou... Je n'ouvrirai plus les mains cette nuit...
MÉLISANDE: Laisse-moi! laisse-moi!... Tu vas me faire tomber!...
PELLÉAS: Non, non, non,... je n'ai jamais vu de cheveux comme les tiens, Mélisande!... Vois, vois; ils viennent de si haut et m'inondent jusqu'au cœur... Ils sont tièdes et doux comme s'ils venaient du ciel!... Je ne vois plus le ciel à travers tes cheveux et leur belle lumière me cache sa lumière!... Regarde, regarde donc, mes mains ne peuvent plus les contenir... Ils me fuient, ils me fuient jusqu'aux branches du saule. Ils s'échappent de toutes parts... Ils tressaillent, ils s'agitent, ils palpitent dans mes mains comme des oiseaux d'or; et ils m'aiment, ils m'aiment mille fois mieux que toi!...
MÉLISANDE: Laisse-moi, laisse-moi, quelqu'un pourrait venir...

PELLÉAS: Non, non, non; je ne te délivre pas cette nuit... Tu es ma pri-
sonnière cette nuit; toute la nuit, toute la nuit...
MÉLISANDE: Pelléas! Pelléas...
PELLÉAS: Tu ne t'en iras plus... Entends-tu mes baisers?... Ils s'élèvent le
long des mille mailles d'or... Il faut que chacune d'elles t'en apporte un
millier; et en retienne autant pour t'embrasser encore quand je n'y serai
plus... Tu vois, tu vois, je puis ouvrir les mains... Tu vois, j'ai les mains li-
bres et tu ne peux m'abandonner... (Des colombes sortent de la tour et
volent autour d'eux dans la nuit).
MÉLISANDE: Qu'y a-t-il, Pelléas? Qu'est-ce qui vole autour de moi?
PELLÉAS: Ce sont les colombes qui sortent de la tour... je les ai effrayées;
elles s'envolent...
MÉLISANDE: Ce sont mes colombes. – Allons-nous en, laisse-moi; elles ne
reviendraient plus...
PELLÉAS: Pourquoi ne reviendraient-elles plus?
MÉLISANDE: Elles se perdront dans l'obscurité... Laisse-moi relever la tê-
te... J'entends un bruit de pas... Laisse-moi! – C'est Golaud!... Je crois que
c'est Golaud!... Il nous a entendus...
PELLÉAS : Attends! Attends!... Tes cheveux sont mêlés aux branches... At-
tends, Attends!... Il fait noir... (Entre Golaud par le chemin de ronde).
GOLAUD: Que faites-vous ici?
PELLÉAS: Ce que je fais ici... Je...
GOLAUD: Vous êtes des enfants... Mélisande, ne te penche pas ainsi à la
fenêtre, tu vas tomber... Vous ne savez pas qu'il est tard? Il est près de
minuit. – Ne jouez pas ainsi dans l'obscurité. Vous êtes des enfants... (Ri-
ant nerveusement) Quels enfants!... Quels enfants!... (Il sort avec
Pelléas).
aus: MAURICE MAETERLINCK, „Pelléas et Mélisande", III, 2

Kommentar

Die Protagonisten sprechen eine einfache Sprache, die durch
zahlreiche Ausrufe und Anakoluthe (abgebrochene Sätze) gekennzeichnet ist. Besonders markant ist die große Zahl retardie-
render Wiederholungen, in denen die äußere Handlung nahezu
stillsteht. Die Protagonisten scheinen in ihrer charakterlichen
Naivität geheimnisvoll und hintergründig. Die angesprochenen
Symbole (Sterne, Tauben, etc.) sind mehrfach beziehbar und lie-
fern keine eindeutigen Bezugspunkte.

Hauptwerke

La mort de Tintagiles (1894), Schauspiel; *Ariane et Barbe-bleue*
(1901), Drama; *Sœur Béatrice* (1901), Drama; *Monna Vanna*
(1902), Schauspiel.

Literatur

ADORNO, Theodor W. (^{5}1981): *Ästhetische Theorie*. 5. Aufl. Frankfurt/M.: Suhrkamp.

AUERBACH, Erich (^{6}1977): *Mimesis. Dargestellte Wirklichkeit in der abendländischen Literatur.* 6. Aufl. Bern: Francke. (1. Aufl. Bern: Francke 1946).

BECKER, Colette/Gina GOURDIN-SERVENIÈRE/ Véronique LAVIELLE (1993): *Dictionnaire d'Emile Zola. Sa vie, son œuvre, son époque suivi du Dictionnaire des ‹Rougon-Macquart›.* Paris: Editions Robert Laffont.

BENJAMIN, Walter (^{2}1980): *Charles Baudelaire. Ein Lyriker im Zeitalter des Hochkapitalismus.* 2. Aufl. Frankfurt/M.: Suhrkamp. (= stw 47).

BLÜHER, Karl Alfred (1985): *Die französische Novelle,* Tübingen: Francke. (= UTB 49).

BLUMENBERG, Hans (1964): „Wirklichkeitsbegriff und Möglichkeit des Romans." In: Jauß, Hans-Robert [Hrsg.]: *Nachahmung und Illusion.* München: Eidos.

BÜRGER, Christa/Peter BÜRGER/Jochen SCHULTE-SASSE [Hrsg.] (1979): *Naturalismus/Ästhetizismus.* Frankfurt/M.: Suhrkamp. (= es 992).

BÜRGER, Peter (1988): *Prosa der Moderne.* Frankfurt/M.: Suhrkamp.

CAILLOIS, Roger (1965): *Au cœur du fantastique.* Paris: Corti.

CASTEX, Pierre-Georges (1951): *Le conte fantastique en France de Nodier à Maupassant.* Paris: Corti.

COUTY, Daniel (1988): *XIXe siècle.* Vol. 1: *1800–1851.* Paris: Bordas.

DÉCAUDIN, Michel / Daniel LEUWERS (1996): *Historie de la littérature française. De Zola à Apollinaire (1869–1920).* Überarb. Aufl. Paris: Garnier-Flammarion.

DUBOSCLARD, Joël/Marie CARLIER (1992): *Les fleurs du mal. Le spleen de Paris. 20 poèmes expliqués.* Paris: Hatier.

ECHELARD, Michel (1984): *Histoire de la littérature en France au XIXe siècle.* Paris: Hatier.

ECHELARD, Michel (1985): *Le romantisme. 10 poèmes expliqués.* Paris: Hatier.

ENGLER, Winfried (1974): *Lexikon der französischen Literatur.* Stuttgart: Kröner.

ENGLER Winfried [Hrsg.] (1976): *Der französische Roman im 19. Jahrhundert.* Darmstadt: Wissenschaftliche Buchgesellschaft. (= Wege der Forschung CCCXCII).

ENGLER, Winfried (1982): *Geschichte des französischen Romans. Von den Anfängen bis Marcel Proust.* Stuttgart: Kröner.

FRIEDRICH, Hugo (1956): *Die Struktur der modernen Lyrik.* Hamburg: Rowohlt.

FRIEDRICH, Hugo (^{6}1970): *Drei Klassiker des französischen Romans,* 6. Aufl. Frankfurt/M.: Klostermann.

GENETTE, Gérard/Tzvetan Todorov [Éds.] (1983): *Travail de Flaubert.* Paris: Editions du Seuil. (= Essais 150).

HEGEL, Georg Wilhelm Friedrich (1970): *Grundlinien der Philosophie des Rechts.* Frankfurt/M.: Suhrkamp. (= Theorie Werkausgabe 7).

JAUß, Hans-Robert (1970): *Literaturgeschichte als Provokation der Literaturwissenschaft.* Frankfurt/M.: Suhrkamp.

JEAN, Raymond (1973): „Marxisme et littérature: l'exemple de Gramsci." In: Jean, Raymond [Éd.]: *Littérature et société. Recueil d'études en l'honneur de Bernard Guyon.* o. O., 365–370.

KÖHLER, Erich (1987): *Vorlesungen zur Geschichte der französischen Literatur. Das 19. Jahrhundert.* 3 Bde. Stuttgart: Kohlhammer.

KOHL, Stefan (1977): *Realismus. Theorie und Geschichte.* München: Fink. (= UTB 643).

KRÖMER, Wolfram (1972): *Die französische Novelle im 19. Jahrhundert.* Frankfurt/M.: Athenäum.

KRÖMER, Wolfram (1975): *Die französische Romantik.* Darmstadt: Wissenschaftliche Buchgesellschaft. (= Erträge der Forschung 38).

KRÖMER, Wolfram (1980): *Flaubert.* Darmstadt: Wissenschaftliche Buchgesellschaft. (= Erträge der Forschung 141).

KUNZ, Josef [Hrsg.] (1973): *Novelle.* Darmstadt: Wissenschaftliche Buchgesellschaft. (= Wege der Forschung LV).

LANGE, Wolf-Dieter [Hrsg.] (1980): *Französische Literatur des 19. Jahrhunderts.* Bd. 1: *Romantik und Realismus,* Bd. 2: *Realismus und l'art pour l'art,* Bd. 3: *Naturalismus und Symbolismus,* Heidelberg: Quelle & Meyer.

LAFFONT, Robert/Valentino BOMPIANI (1997): *Dictionnaire encyclopédique de la littérature française*. Paris: Laffont.

LUKÁCS, Georg (1958): *Wider den missverstandenen Realismus*. Hamburg: Claassen.

LUKÁCS, Georg (1978): „Erzählen oder beschreiben?" In: Bürger, Peter [Hrsg.]: *Seminar: Literatur- und Kunstsoziologie*. Frankfurt/M.: Suhrkamp 1978, 72–115. (= stw 245).

MAURER, Karl/Winfried Wehle [Hrsg.] (1991): *Romantik. Aufbruch zur Moderne*. München: Fink (= Romanistisches Kolloquium 5).

MILNER, Max / Claude PICHOIS (1996): *Histoire de la littérature française. De Chateaubriand à Baudelaire (1820–1869)*. Überarb. Aufl. Paris: Garnier-Flammarion.

NEUSCHÄFER, Hans-Jörg (1976): *Populärromane im 19. Jahrhundert*. München: Fink. (= UTB 524).

PEYRE, Henri ([2]1979): *Qu'est-ce que le romantisme?* 2ième éd. Paris: PUF. – (1. Aufl. 1971).

PREISS, Axel (1988): *XIXe siècle*. Vol. 2: 1851–1891, Paris: Bordas.

RINCÉ, Dominique (1978): *La littérature française du XIXe siècle*. Paris: PUF. (= Que sais-je? 1742).

SABBAH, Hélène (1987): *La rencontre dans l'univers romanesque*. Paris: Hatier.

SAULNIER, Verdun Louis ([10]1977): *La littérature française du siècle romantique*. 10ième éd. Paris: PUF. – (1. Aufl. Paris: PUF 1969).

SCHEMME, Wolfgang (1975): *Trivialliteratur und literarische Wertung*. Stuttgart: Reclam.

STEINMETZ, Jean-Luc (1990): *La littérature fantastique*. Paris: PUF. (= Que sais-je? 907).

STEINWACHS, Burkhart (1985): „Was leisten (literarische) Epochenbegriffe?" In: Gumbrecht, Hans-Ulrich/Ursula Link-Heer (Hrsg.): *Epochenschwellen und Epochenstrukturen im Diskurs der Literatur und Sprachhistorie*. Frankfurt/M.: Suhrkamp. (= stw 486).

STENZEL, Hartmut/Heinz THOMA [Hrsg.] (1987): *Die französische Lyrik des 19. Jahrhunderts. Modellanalysen*. München: Fink. (= UTB 1436).

THIBAUDET, Albert (1936): *Histoire de la littérature française*, Vol. II: *Du XVIIIe siècle à nos jours*, Paris: Corti.

VAN TIEGHEM, Philippe (1924–30): *Le préromantisme*. 3 vols. Paris: Corti.

VAN TIEGHEM, Philippe (1966): *Le romantisme français*. Paris: PUF. (= Que sais-je? 123).

TODOROV, Tzvetan (1989): *Einführung in die fantastische Literatur*. München: Fischer.

WAIS, Kurt [Hrsg.] (1970): *Interpretationen französischer Gedichte*. Darmstadt: Wissenschaftliche Buchgesellschaft. (= Ars interpretandi 3).

WAIS, Kurt (1972): „Drei romantische Wandlungen der französischen Literatur." In: Behler, Ernst [Hrsg.]: *Die europäische Romantik*. Frankfurt/M.

WALDMANN, Günter (1973): „Der formale und materiale Vorgang des Wertens." In: Waldmann, Günter: *Theorie und Didaktik der Trivialliteratur*. München: Fink.

VON WARTBURG, Walter (1941): „Flaubert als Gestalter." In: *Deutsche Vierteljahresschrift für Literaturwissenschaft und Geistesgeschichte* 19, 208–217.

WEINRICH, Harald (1977): *Tempus. Besprochene und erzählte Welt*. Stuttgart: Kohlhammer.

WOLFZETTEL, Friedrich (1982): *Der französische Sozialroman im 19. Jahrhundert*. Darmstadt: Wissenschaftliche Buchgesellschaft.

Personenregister

Sachregister